山东大学儒学高等研究院科研成果
山东大学曾子研究所科研成果
曾子研究院科研成果
曾智明"曾子学术基金"科研成果

汉字中国

曾振宇 主编

Chinese Characters

和

修建军 著

华夏出版社

图书在版编目（CIP）数据

和/修建军著.-- 北京：华夏出版社有限公司，2024.1
（汉字中国/曾振宇主编）
ISBN 978-7-5222-0264-8

Ⅰ.①和… Ⅱ.①修… Ⅲ.①汉字—通俗读物 ②中华文化—通俗读物 Ⅳ.① H12-49 ② K203-49

中国版本图书馆 CIP 数据核字（2022）第 008081 号

和

著　　者	修建军
责任编辑	李春燕
责任印制	周　然

出版发行	华夏出版社有限公司
经　　销	新华书店
印　　装	三河市万龙印装有限公司
版　　次	2024 年 1 月北京第 1 版 2024 年 1 月北京第 1 次印刷
开　　本	880 mm × 1230 mm　1/32
印　　张	7.875
字　　数	150 千字
定　　价	52.00 元

华夏出版社有限公司　地址：北京市东直门外香河园北里 4 号　邮编：100028
　　　　　　　　　　　网址：www.hxph.com.cn　电话：（010）64663331（转）
若发现本版图书有印装质量问题，请与我社营销中心联系调换。

序

《汉字中国》丛书即将付梓，主编曾振宇教授嘱我在书耑写几句话。我认为"汉字中国"是个好题，丛书的出版是件好事，摆到读者面前的是一套好书，振宇教授美意岂能却之？遂谨献鄙意如下。

首先我想说，这是一套什么样的丛书。显然，它不是研究中国文字的学术丛书，而是在文字研究基础上通俗地讲述中国自有的文化哲学体系中一批重要概念的著作，是一套把汉字与它所承载的哲学概念如何紧密地融合起来这一独特的现象呈现出来的创新之作。

丛书的编著者们认为"中国本土哲学与文化形态中的概念、文字和词语是中国哲学与文化的'结晶体'"。这是一个含义很深邃又很形象的比喻。这就意味着《汉字中国》将对中国哲学与文化的概念进行深入解读，探索其内涵和外延，从而发掘、展现中华文化与其哲学的精神、品质、性格的独特性，消解中国哲学与文化之双足只穿西方哲学之鞋履所带来的误解、困惑与尴尬。反过来看，通过对中国哲学与文化的认知和体验，又可以明了并深化对这些汉字形音义的来龙去脉、衍生变异以及遗存、渗透在现代汉语词汇中的文化基因的认识。或许这也是本套丛书冠以"汉字中国"之名的用意所在吧。

诚然,《汉字中国》所分析、论列的,大多是日常所用的字词,有些即使是"专门"词语,也已经为越来越多的人所习见;但是,由于种种历史的、社会的原因,今人也常常与这些字词的深意若即若离。而如果忽略了汉字在数千年传承、延绵、孳乳、变异过程中沉淀于后世语言形式里的传统文化意义,就会冷淡了中华文化的特性,很可能语言/概念发生"漂移"现象,不得已时只好乞灵于异质文化,从而难以形成阐述中华文化的中国话语体系。

"结晶体"这样一个形象而很有意趣的比况,更会引发读者的遐想:在这个"结晶体"里面,有着丰富多样的微观世界,中国文化的种种现象和思想都在有序地存在着、排列着。由此可以想见,《汉字中国》的筹划、酝酿、研究,用心良苦矣!我不由得又想到,《汉字中国》的影响所及,可能并不仅限于人文社会科学、哲学领域,即使在构建科学技术伦理、自然语言处理、人机对话、中外语言互译,乃至人工智能等领域,似乎也可以参考一下吧。

话说得远了些,就此搁笔。
忝谓之"序"。

许嘉璐
2019年8月22日

汉字中国 ◆ 和

目 录

第一章

共鸣相酬是为"和" …………………………………… 1
 一、"和"字诠解 ………………………………………… 2
 二、"和"从远古走来 …………………………………… 4
 三、"和同之辨"与"和"思想形成 …………………… 8
 四、"和"之特质 ………………………………………… 12

第二章

孔孟奠基中国传统和谐思想之主体 ………………… 16
 一、孔子：和为贵 ……………………………………… 16
 二、孟子：天时地利不如人和 ………………………… 31

第三章

和：纷争割据时代的众生祈盼（上）………………… 38
 一、将相和 ……………………………………………… 39
 二、儒家思想与和 ……………………………………… 41

第四章

和：纷争割据时代的众生祈盼（下） 58
   一、道家思想与和 58
   二、墨家思想与和 68
   三、《管子》思想与和 71
   四、《吕氏春秋》与和 74

第五章

统一大势与天人感应的盛行 82
   一、汉初诸位思想家与和 83
   二、董仲舒：心平德和 88
   三、扬雄：动化天下，莫尚于中和 95
   四、王充：瑞气皆因和气而生 98
   五、昭君出塞，汉匈和亲 103

第六章

蒿目时艰与风骨清流 106
   一、王弼：知和得常 107
   二、肆意酣畅之"竹林七贤" 111
   三、刘勰《文心雕龙》：率志委和 121

第七章

隋唐盛世的"和"思想 124
   一、王通与《中说》 124

二、柳宗元：守"大中之道"的和 …………………… 127

三、李翱：《复性书》论和 …………………………… 129

第八章
和在宋代形而上的发展 …………………………… **132**

一、宋初思想家论和 …………………………………… 132

二、司马光《中和论》与和 …………………………… 138

三、周敦颐：和为天下之达道 ………………………… 142

四、张载：气本论基础上的和 ………………………… 146

五、二程：天理本然意义上的和 ……………………… 151

六、朱熹：事事恰好处便是和 ………………………… 155

七、陆九渊：心和即宇宙之和 ………………………… 163

八、陈亮、叶适：中和足以养其诚 …………………… 167

第九章
和在元代的发展 …………………………………… **174**

一、六月飞雪窦娥冤：元曲所体现的和 ……………… 174

二、许衡：率性之道即为和 …………………………… 177

第十章
明清时期"和"思想不同的发展路向 …………… **184**

一、和与中为一物的心学 ……………………………… 185

二、刘宗周：慎独即致中和 …………………………… 195

三、具有实学特征的和 ………………………………… 199

第十一章
呼风唤雷时代和的回响 ………………… 206
　一、严复：阅历为采和 ………………… 212
　二、康有为论和 ………………… 215
　三、蔡元培"和而不同"的文化包容意识 ………… 219

结　语 ………………… 228
参考文献 ………………… 237

第一章
共鸣相酬是为"和"

在 2008 年北京奥运会的开幕式上，以立体活字印刷术表演展现的大型"和"字方阵，不断变换表演方式，向人们展示了"和"的字体从古代到今天的演变。人们在惊艳的同时，都会联想到这样一个问题：中国在这样一个隆重的国际体育盛会上，在浩如繁星的汉字中，为何独独选中了"和"字呢？原因当在于：首先，"和"是中国传统文化的精髓之所在。在漫长的历史发展进程中，它已经浸润为中华民族的一种精神，"参赞化育"、并行不害，是炎黄子孙的共同追求。中华传统之"和"，既具有方法论的意义，同时也是一种价值追求。"和为贵"已经融入了中国百姓的公共话语系统。其次，"和"字的呈现，无疑也是中国人民在向全世界宣示一种友好和平的理念："同一个世界，同一个梦想。"和乐融融。历史发展已经说明，正是"和"的文化理念与心态，保证了中华文化的源远流长，保证了中华民族在其他文明匿迹之后，依然能够屹立于世界之东方，并不断发展壮大。

一、"和"字诠解

"和"的原义是什么？从发生学的角度看，"和"字起源很早，大约与原始先民的生养蕃息紧密相连。寻绎梳理"和"之原典意义，《说文解字·口部》说："和，相应也。从口，禾声。"据有关学者的考证，凡衍"禾"之声，皆具有"调和相应"之义。

《说文解字》对于"禾"的解释是这样的："禾，嘉谷也。二月始生，八月而熟，得时之中，故谓之禾。禾，木也。木王而生，金王而死。"《说文解字》对于"禾"的声训解释，给我们理解"和"以很好的启发。《说文解字》在《龠部》之下，注解"龢"时指出："读与和同。"《说文》段注："经传多假和为龢。"《说文解字》："龢，调也。"同时，在《言部》："调，龢也。"可见，调与龢亦为互训。则"龢"也是调和、和谐之意。"龠"在甲骨文中就已经存在，根据郭沫若的解释，"龠"像管乐之形。《说文解字》："龠，乐之竹管，三孔，以和众声也。……理也。"从先秦经传中"和""龢"互通这一点上来看，"和"的第一层基本含义与音乐或乐器有关，即音乐的调和与音律的和谐。所以，郭沫若指出："和之本义必当为乐器，由乐声之谐和始能引出调和义，由乐声之共鸣始能引申出相酬义。"[1]

---

[1] 郭沫若：《甲骨文字研究·释和》上册，大东书局1934年版，第2页。

如下图：

（《甲骨文编》86—87页，中华书局1965年版）

从"盉"字看。《说文解字》："盉，调味也。从皿，禾声。"段注："调声曰龢，调味曰盉。今则和行而龢、盉皆废矣。"在许多有关的铭文中，也有以"和"为"盉"的例子。两者互通，说明"和"的原初意义的第二层，应该与饮食有关，即饮食系列中的众多的味道与原料的调和。

无论是乐理意义上的调和还是饮食意义上的调和，有一个非常关键的要素就是，这种和谐所包容的对象不是单一的，而是多方面的。

又，《广雅·释诂三》："和，谐也。"

《说文解字·言部》:"谐,詥也。"《六书统·言部》:"詥,从言从合,合众意也。"

《玉篇·言部》:"谐,和也。"

以上是古代辞书对于"和"的解释,从种种解释中,我们可以来追寻一下"和"字的踪迹。

二、"和"从远古走来

考察"和"范畴之发轫,我们不能忽视中华文明原生态所提供的历史借鉴,而这正是包括"和"范畴在内的中国传统伦理思想产生的源头活水。

中华民族历史悠久,早在170多万年以前,我们的先民就生养蕃息在这片广袤的土地上。先民们所面临的是极其恶劣的自然环境,生产力水平也极其低下,一切都依赖于自然。正如英国历史学家汤因比所分析的那样:"我们发现人类在这里所要应付的自然环境的挑战,要比两河流域和尼罗河流域严重得多。人们把它变成古代中国古文明摇篮地方的这一片原野,除了有沼泽、丛林和洪水的灾难之外,还有更大得多的气候上的灾难,它不断地在夏季的酷热和冬季的严寒之间变换。"[1] 也正是由于这种恶劣的自然环境和低下的生产力发展水平,先民们对自然产生了无与伦

---

[1] [英]汤因比:《历史研究》,上海人民出版社1966年版,第62页。

比的依赖和崇信。相传伏羲氏是人类的始祖,"作结绳而为网罟,以佃以渔"(《周易·系辞下》),亲自向众人传授渔猎技术,据传伏羲还作八卦:"古者包羲氏之王天下也,仰则观象于天,俯则观法于地,观鸟兽之文与地之宜。近取诸身,远取诸物,于是始作八卦,以通神明之德,以类万物之情。"(《周易·系辞下》)伏羲氏后,"至于神农,人民众多,禽兽不足,于是神农因天之时,分地之利,制耒耜,教民农作,神而化之,使民宜之"(《白虎通义》)。就这样,在长期的生活生产实践中,先民们发现了万物从无到有,从萌生到消灭,日复一日、年复一年地循环往复,新旧更替,也就是在这日月不息的交互变化中,人们受到了万物生长变化的一种玄冥启悟,于是便有了原始的阴阳、五行观念。换句话说,中国原始的阴阳、五行思想,是建立在人们对自然的朴素认识的基础之上的。我们知道,原始的五行思想最基本的特点,就是从当时人们所能认识到的金、木、水、火、土这五种基本的元素,来解释事物的产生以及相互之间的关系。正是由于五行的"相生""相杂""相胜"才产生了世间万物及其变化。正如《国语·鲁语》中所言:"及地之五行,所以生殖也。"《郑语》中也说:"故先王以土与金木水火杂,以成百物。"相关认识在先秦时期的其他典籍中也不胜枚举。如《尚书·洪范》明确指出:"五行:一曰水,二曰火,三曰木,四曰金,五曰土。水曰润下,火曰炎上,木曰曲直,金曰从革,土爰稼穑。润下作咸,炎上作苦,曲直作酸,从革作辛,稼穑作甘。"又说:"孜孜无怠,水火者,百姓之求饮食也；金木者，百姓之所兴作也；土者，万物之所资生，是为人用。"《左传》也指出："因地之性，生其六气，用其五行。""五行"之间的有规律的、和谐的交互作用以及无限循环往复运动，形成了宇宙万物的生存与协调相处。

阴阳和合是先民们对于自然界发展变化所能体悟到的又一重要方面，与五行观念是同时产生的，最初也与作物的生长需要风调雨顺的自然条件有直接的关系。在《国语·周语》中有"天六地五，数之常也"的记载。这里的"六"指的是阴、阳、风、雨、晦、明六气。"六气"中以阴阳二气为其本根。阴阳观念在中国起源甚早，可以追溯到原始社会。《连山》中有"曰君臣民物阴阳兵象，而统以山"的记载；在《归藏》中有"归藏生物，长育止杀，而统以气"的记载。这里所强调的阴阳之和，即天地之和。西周末年，伯阳父曾对阴阳意识进行了概括。《国语·周语》指出："气无滞阴，亦无散阳，阴阳序次，风雨时至，嘉生繁祉，人民和利，物备而乐成。"这可以说是我们的先民对于阴阳、五行之和谐，对人类得以生存延续之意义的最基本的认识，但并不止于此。先民们在认识到了自然之和谐的巨大作用的同时，更认识到了人类作为一个群体的和谐一致的力量。显而易见，在原始社会那样一种恶劣的自然环境中，只有依靠群体的力量，才能生存下去。所以，在原始社会，"没有军队、宪兵和警察，没有贵族、国王、总督、地方官和法官，没有监狱，没有诉讼，而一切都是有条有理的"[1]。人们聚族而居,和睦相处。这便是庄子所说的"至德之世"。《庄子·盗跖》:"神农之世,卧则居居,起则于于。"况且人们"相爱而不知以为仁,实而不知以为忠,当而不知以为信"(《庄子·天地》)。《淮南子·览冥训》也记载了黄帝时代"强不掩弱,众不暴寡,人民保命而不夭,岁时熟而不凶,百官正而无私"。这都说明,原始人类社会是一个团结协作的群体,唯其如此,才保证了人类从远古走向文明。有学者在分析"和"范畴的生成与演进的过程时,对其逻辑演进过程概括为:"禾苗发育谷物成长的自然条件要求风调雨顺,在风雨有声的基础上形成的音乐也就要求五音调和,《左传》昭公二十年在述及'声亦如味'之喻,……反映了悦耳的要求。从此以后,和就从五味之和五音之和,被引申到宗法的人际关系。"[2]

人类蹒跚着从远古走向文明,在带来绵绵不断的血缘承续的同时,也带来了一些朴素的文化意识。"和"范畴便是这样一种情形。"和"系统地作为一种伦理范畴的形成,是在春秋时期。但把"和"提升到政治伦理的高度来予以重视,在三代时期就已经开始。有关统计表明,在《尚书》中,"和"字凡44见,其基本大含义,都是强调以和为本,与人和、与天和。如《尚书·多方》指出:"自作不和,尔惟和哉。尔室弗睦,尔惟和哉。尔邑克明,

---

[1] 《马克思恩格斯选集》第四卷,人民出版社1972年版,第92—93页。
[2] 罗祖基:《论中和的形成及其发展为中庸的过程》,《南京大学学报》1995年第3期。

尔惟克勤乃事。""时惟尔初，不克敬于和，则无我怨。"在《易》中也多次出现。如《易传·兑卦》初九爻辞"和兑，吉"，《易传·中孚卦》九二爻辞"鸣鹤在阴，其子和之"等等。在这些古文献中，"和"已经具备了"人伦之和"与"身心之和"的意义，"和"范畴所具有的自然、社会以及精神和谐的文化意蕴也都基本具备。到春秋时期，"和"正是在这样一种意义上被思想家们所推崇的。

三、"和同之辨"与"和"思想形成

"和"的本义是调和与和谐。"具体地讲，'和'指的是对事物运动发展的范围、程度所做的层次感、分寸感上的把握，从而使事物的变化能够在一定意义上被控制在一个较为准确的位置和适当的范围之内，从而避免无效行为以及行为失控所引起的破坏性的反作用。"[1]可见，"和"是以肯定差异的存在为前提的。客观世界原本就存在着多样性的对立与统一，只有承认这种复合性、多样性与复杂性，才是认识世界存在的根本方式的正确方法，只有在多样性中取得和谐，才能使对立又统一的事物之间实现互动互补，在对立中求得一致。所以，"和"与"同"的区别与争论一直伴随着"和"范畴的发展过程。

---

1 张文彪：《浅析"和"的哲学思想》，《福建论坛》1999 年第 6 期。

据《国语·郑语》记载，西周末年，史伯曾在与郑桓公的一段对话中，首次系统全面地提出了和实生物的思想。史伯指出：

> 夫和实生物，同则不继。以它平它谓之和，故能丰长而物归之。若以同裨同，尽乃弃矣。故先王以土与金木水火杂，以成百物。是以和五味以调口，刚四支以卫体，和六律以聪耳，正七体以役心，平八索以成人，建九纪以立纯德，合十数以训百体。出千品，具万方，计亿事，材兆物，收经入，行姟极。故王者居九畡之田，收经入以食兆民，周训而能用之，和乐如一。夫如是，和之至也。于是乎先王聘后于异姓，求财于有方，择臣取谏工而讲以多物，务和同也。声一无听，物一无文，味一无果，物一不讲。王将弃是类也而与剸同，天夺之明，欲无弊，得乎？

在这段论述中，史伯向郑桓公讲述了"和实生物"与"同则不继"的道理。在史伯的论述中，"和"是事物多样性的统一，"和"代表了生机，而"同"则只能代表量的积累与增加，只有"和"才能生生不已。将史伯的话转换为现代白话文，原意是这样的：把不同的东西加以协调平衡叫和谐，所以能够发展丰富万物并使之归于统一；如果把相同的东西简单相加，用尽之后就完了。所以先王把土和金、木、水、火相配合而生成万物。因此调和了五种滋味以适合人们的口味，强健四肢来保卫身体，调和六种音律使其悦耳动听，端正七窍来为心服务，协调身体的八个部位使人完整，设置九脏（九纪）以树立人的纯正德行，合成十种等级来训导百官。于是产生了千种品味，具备了上万的方法，计算成亿的事物，经营万亿的财务，取得万兆的收入，采取无数的行动。所以君王拥有九州辽阔的土地，取得收入来供养万民，用忠心来教化和使用他们，使天下和乐如一家人。这便是和谐的顶点了。所以先王从异姓家族中聘娶王后，向四方各地求取财货，选择敢于直谏的人做下官，处理众多的事情，努力做到和谐而不是同一。只有一种音调的音乐是无法听的，只有一种颜色就不美，只有一种味道终成不了美味，只有一种事物根本无法进行衡量比较。而周幽王却抛弃这种和谐的做法，一味要求趋同，这是上天夺取了他们的聪明，怎么可能不衰亡呢？在这里，史伯已经把"和乐如一"作为一种价值取向提了出来，并加以提倡，这在"和"范畴的形成与发展过程中具有重要意义。

晏婴是春秋时期著名的政治家，他对于"和"的内涵也有独到的见解。《左传·昭公二十年》记载：齐侯从打猎的地方回来，晏子在遄台随侍，梁丘据驱车来到，齐侯说："只有梁丘据与我是和协的啊！"晏婴说："据与您不过是相同而已，哪里算得上和协？"齐侯说："和与同难道不一样吗？"晏婴回答说："不一样。""和如羹焉。水火醯醢盐梅以烹鱼肉，燀之以薪。宰夫和之，齐之以味，济其不及，以泄其过。君子食之，以平其心。"说明

"和"的本义应当似人们所做的羹汤,是各种食材与调料的完美融合。这个过程中,要有厨师的调和,使味道适中。味道淡了就要加调料,味道太浓就要加水稀释。这样,君子食用羹汤,内心就会平静。君臣之间的关系,同样如此。臣下应当敢于直面国君的得失,而不是一味逢迎。所以,先王调匀五味,谐和五声,是用来平静内心、完善政事的。声音也像味道一样,各种因素缺一不可,君子才会听后内心平静。而梁丘据在您面前,您说行他就说行,您说不行他就说不行。这样如同用清水调剂清水,谁能愿意吃?也如同琴瑟总弹一个声音,谁愿意听下去?所以,应该讲"和"与"同"的区别就是在这里。

郑国的子产在阐述他对"礼"的认识时指出:"夫礼,天之经也,地之义也,民之行也。天地之经,而民实则之。则天之明,因地之性,生其六气,用其五行。气为五味,发为五色,章为五声。淫则昏乱,民失其性,是故为礼以奉之。……民有好、恶、喜、怒、哀、乐,生于六气,是故审则宜类,以制六志。"(《左传·昭公二十五年》)虽未明言"和",但很显然,子产在此提出了以礼导"和"的问题,无疑是将"和"的思想内涵又加深了一层。"六志"显然已经指向心灵层面。"哀乐不失,乃能协于天地之性。"此处之"协"与"和"意义相同。可见,子产已经把"和"与伦理价值相沟通。

四、"和"之特质

综合前文之分析，可以得出以下结论：

1. "和实生物，同则不继"。"和"作为中国传统伦理的重要范畴之一，它完整地体现了宇宙观与方法论的统一，人格论与政治论的统一。换句话来讲，"和"既是宇宙观又是方法论，既关涉人格理想，又关乎政治理想。只是不同的思想家、不同的学派，他们因着各自的出发点和侧重点不同，也因着各自学派的知识结构与理论思维路向的差异，所以在对"和"的认识上，表现出了比较明显的不同的特征。自从春秋时期史伯提出了"和实生物，同则不继"的基本思路，在以后漫长的社会历史发展过程中，这一思路被历代思想家不断加以发挥和发展。"和"始终被看成是天地万物赖以产生、存在和发展的一种最佳途径。

2. "和"强调的是多元存在，强调辩证统一——"以他平他。"《乐记》中说："和，故百物皆化。"《荀子·天论》中说："万物各得其和以生。"《礼记·中庸》说："致中和，天地位焉，万物育焉。"董仲舒的《春秋繁露·循天之道》说："而和者，天地之所生成也。"以及到后来的王充的"瑞物皆起和气而生"、张载的"太和所谓道"、王夫之的太和为"本然之体"等等。道家也从本原的意义上阐发了"和"的意义。如《老子·四十二章》："道生一，一生二，二生三，三生万物。万物负阴而抱阳，冲（中）

气以为和。"道教也讲求"阴阳和合",佛教则注重"因缘和合"。所有这些都是从宇宙观的角度来论述和的意义的。

3. "和"在中国传统伦理发展史上更普遍地被诉诸追求人伦之和。它在更多的时候是被作为一种道德要求。对于个体而言,"和"既是一种理想人格的追求,同时还必须内化为自我的内在的精神素养。孔子的"和同之辨"与他所设计的理想人格是紧密相连的。孔子说:"君子和而不同,小人同而不和。"(《论语·子路》)"和而不同"与"和而不流"是孔子界定君子人格的首要条件。道家的庄子主张"游心乎德之和",认为"德者,成和之修也"。董仲舒以和为至德,指出:"德莫大于和","和者,天之功也。举天地之道而美于和"(《春秋繁露·循天之道》)。从前文的论述中,我们可以看出,从理想人格的角度来论述"和"范畴的,至宋明理学则表现得更为突出。

"和"与理想人格的关系密不可分。《国语·郑语》中说:"和乐如一,夫如是,和之至也。"理想人格的精神素养是十分重要的。比如在情感、理智以及行为、语言等各个方面的平和与适度。《左传》中强调"心平德和",《中庸》在解释中、和时指出:"喜怒哀乐之未发,谓之中;发而皆中节,谓之和。""中节"所指即是一定的"度",一定的规范准则等。所以《吕氏春秋·适音》明言:"乐之务在于和心。"王阳明在《传习录》中指出:"心正则中,力修则和。"意即通过努力追求"和",以寻求一个健全的精神世界,保持心理稳定而不至失衡。

从政略意义上讲,"和"又是保证社会合理运作不可须臾离之的伦理与价值原则。《论语·学而》中讲:"礼之用,和为贵。"在这里,"和"既是手段又是目的。孟子强调"天时不如地利,地利不如人和",把人际和谐、社会稳定看成是社会政治成功的最为关键的要素。"和"也意味着凝聚力,《荀子·王制》篇指出:"和则一,一则多力。多力则强,强则胜物。""和"不仅可将不同种族的人凝聚在一起,它也是社会内部不同等级的人消除距离和隔阂的一种原则与方法。《荀子·乐论》说:"故乐在宗庙之中,君臣上下同听之,则莫不和敬;闺门之内,父子兄弟同听之,则莫不和亲;乡里族长之中,长少同听之,则莫不和顺。故乐者,审一以定和者也。""礼别异,乐和同"是荀子的关于礼乐的基本主张,他认为礼乐教化的社会功能,就是达到人们之间的和敬、和亲、和顺,使社会实现有序发展。《易传》中讲"圣人感人心,而天下和平"(《易传·咸卦·象传》)。北宋政治家范仲淹说:"政通人和,百废俱兴。"(《岳阳楼记》)张载力倡"仇必和而解",明代仁孝文皇后指出:"内和而外和,一家和而一国和,一国和而天下和。"(《内训》)"就此而言,'和'的观念中又包含着从心理情感的层面为社会的有序运行提供担保之意。在其现实上,社会的有序性涉及多方面的条件和前提,除了制度层面的保证之外,社会心理情感的意义也不可忽视。事实上,与社会有序性相联系的社会认同,便包含着心理情感等内容;在一个充满敌意的世界中,个体对社会的认同往往会存在心理情感方面的障碍。广而言之,人与人之间的相互信任、理解以及心理情感上的相互接近、沟通，是个体融入社会、履行社会义务、遵循社会规范的重要前提。"[1] "和"作为一种政治思想和策略，在中国历史上的影响是巨大的，如常常见诸史书的"和亲""和盟""和约""和议"等等，对中国历史的发展都是有着积极意义的。

4. "和"德需靠"礼"维持——礼"以制六志"。任何事物都是有一定的界限的，超过或者是未达到这个界限，都不会收到理想的效果。中国传统哲学在承认矛盾存在的同时，还进一步提出了解决矛盾的方法，那就是在事物的两极之中求得一个适当的"度"，这个"度"的取得靠的是矛盾着的事物的相济相成。这种相济相成，即是中庸，而达到的目的则是和。也许正是因为如此，"和"又被当成一个"浑朴难凿的古典美学概念"。在中国美学史上，和谐的美学精神是备受关注的，包括"温柔敦厚"与"中和之美"。和谐美学在中国历史上普遍表现于辞赋文章、建筑以及其他社会生活的各个方面，也成为政治家、思想家惯用的教化方式。

中国社会中关于"和"的思想论述以及"和"之内涵真是太丰富了！从《国语》的"和实生物，同则不继""以他平他谓之和"到"和为贵""和与天倪""德莫大于和""万物各得其和以生"等等，其基本的含义也早在"和"范畴提出之初就已基本奠定，那就是："和"是在多样性统一的基础上形成的和谐与互补，这种和谐与互补是万事万物兴旺发展、社会稳定的根本保证。

---

[1] 杨国荣：《作为哲学范畴的"和"——"和"的哲学阐释》，《中国哲学史》2001年第2期。

第二章
孔孟奠基中国传统和谐思想之主体

一、孔子：和为贵

任何思想学说的形成都不可能是无源之水，孔子思想当然也不能例外。孔子生当春秋末年，伴随着社会的大变革，天下出现了宗法封建等级制度的瓦解和礼崩乐坏的局面。表现在政治上，则是"礼乐征伐自诸侯出""礼乐征伐自大夫出"，甚至是"陪臣执国命"等一系列"僭礼"现象，对此，孔子称之为"天下无道"。如何以新的社会和谐与稳定来取代陈旧的濒临灭亡的旧制度，使社会秩序由"无道"而转向"有道"，自然就成了孔子所关注的核心问题。孔子虽然没有自觉地认识到这种新旧制度变革的历史必然性，却以极大的政治热情从理论上和实践上投入挽救和建立一个有序社会的活动中。也正是从孔子开始，奠定了儒家以强调秩序与稳定为核心的政治伦理思想。

人类历史的发展证明，在一定的时期内，社会秩序的相对和谐与稳定，是一个社会获得发展的最为基本的保证。因而，人们普遍认可这样一个道理，就是人类只有在和平的环境下、和谐的社会氛围中，才能进行社会的物质与文明的建设，才能不断取得进步与发展。这也正是古今中外历史上许多有远见卓识的政治家、思想家特别关注社会环境的和平与和谐的根本原因所在。孔子在建构他的和平、和谐的社会理念之时，充分吸收并改造利用了西周以及春秋时期的和同之辨的思想成分。他"祖述尧舜，宪章文武"，提倡仁政、礼治与中庸之道等，试图建立一个"老者安之，朋友信之，少者怀之"的安定、和谐与统一的理想社会。

1. 过犹不及

孔子继承了西周以及春秋时期的思想家如州鸠、史伯、晏婴等论和的基本观点。他们对于和的阐发是始于声味，而终于政治，其核心可以归结为"济其不及以泄其过"与"以他平他"。所谓"泄其过"就是去掉多余的，"济其不及"则是弥补不足的。通过这一泄一补，使事物的发展始终保持一定的"度"，进而达到"以他平他"的和谐、平衡状态。从孔子有关的论述可以看出这一特点，这一论点也被拿来为建构儒家的政治以及伦理思想服务。司马迁在概括孔子的学说特征时，指出孔子是"据鲁、亲周、故殷"（《史记·孔子世家》）。孔子自己也表明鉴于周礼是"监于二代，郁郁乎文哉"，而采取了"从周"的态度。

《孟子·离娄下》在概括三代文化特征时指出：禹是以节俭而著称，而喜欢听有价值的话。周文王以仁爱之心对待百姓，商王汤则坚持中正之道，选拔贤人却又不拘一格。这是商汤执政的独到之处。在《商颂·长发》中也有歌颂汤善执刚柔之两端而用其中的诗句。"无偏无颇"是商朝开明君主的为政传统。对于三代之政，司马迁的解释是："夏，大也；殷，中也；周，至也。"唐代张守节在《史记正义》解释"故殷"时也指出："殷，中也。"从这一点上，我们就可以完全理解，在孔子的思想中，"中"与"和"是并重而且意义相通的，有时也将两者合而为一，或者互为表里。"中"的含义在《论语》中已经表达得十分清楚，就是"无过无不及"。孔子说："不得中行而与之，必也狂狷乎！狂者进取，狷者有所不为也。"（《论语·子路》）"中行"就是"用中""执中"，而"狂"和"狷"则都是走极端，"狂"是过，而"狷"则是不及，"狂"和"狷"都是不正确的。在《论语》中还有一段更为明确的记载：

> 子贡问："师与商也孰贤？"子曰："师也过，商也不及。"曰："然则师愈与？"子曰："过犹不及。"（《论语·先进》）

在孔子看来，子张有些过头，而子夏又显得有些不及，过头与不及同样不好。那么怎样才是恰到好处呢？"以他平他"应是最好的方式。固守任何一端都只是"执一"，都是失之偏颇的。《论语·雍也》记载孔子："质胜文则野，文胜质则史。文质彬彬，然后君子。"意思是说，质和文是君子人格必备的条件，走向任何一端都成不了君子。因为在孔子看来，如果朴实多于文采，就会流于粗野；而文采多于朴实，就会流于虚浮。只有文质交融，才是真正的君子。这样的例子很多，诸如博与约、学与思、名与实、知与行等等，这些范畴在孔子的学说中都或多或少地论述到了。大家耳熟能详的是孔子的那句关于学与思关系的著名论断："学而不思则罔，思而不学则殆。"(《论语·为政》)我们知道，孔子曾提出了"生而知之"与"学而知之"的命题，但"生而知之"在孔子的思想中是空悬一格的，它毕竟是一个先验的东西。在《论语》中可以看到孔子是强调"学"与"好学"的，但同时孔子也十分重视"思"，孔子曾提出君子有"九思"(《论语·季氏》)，学与思的统一，是理性与感性的统一。在成就知识的问题上，孔子是强调学与思的交融的，等等，不一而足。由此可以断言，孔子倡言之"和"与其思想体系中所注重的"中"，意义是相通的。换句话说，孔子在他的"和"的思想体系中，实现了与"中"的交融与融通。所以，后世儒家往往是"中""和"并提，如果单向强调"和"是为"中"服务的这种论断，似乎不妥。

2. 宽猛相济——和为贵

"和为贵"是孔子的著名弟子有子说的，这是孔门弟子对孔子和谐思想的最为精当的概括。据《论语·学而》记载：

有子曰："礼之用，和为贵。先王之道斯为美，小大由之。有所不行,知和而和,不以礼节之,亦不可行也。"

这段话集中论述了"礼"与"和"的关系。它指出,礼是"先王之道"里面最"美"也是最为关键的一点。而和在各种各样的作用中又是最为重要的作用。但是,和也是要有现实坐标的,这个坐标就是礼。和固然重要,也不能仅仅为和而和。和虽可贵,但是也不能绝对化,和的实现必须遵循礼。由于社会是由不同的阶级和阶层所构成,所以社会的稳定与发展,靠的是社会各阶级、阶层的和谐作用。那就首先要明确不同的人在社会生活当中所应有的本分。孔子及其所开创的儒家学派从理论到实践的一切活动,都带有极为鲜明的政治色彩。而且,怎样把儒学从私学提升为官学,使其成为统治阶级的指导思想,来完成治国平天下的历史任务,这是儒家从孔子就开始追求的目标。只有遵循礼治,才能使社会具有秩序性,尊卑有等,长幼有序。换句话说,礼治是保障社会和谐的内在机制。

从某种意义上可以说,"和为贵"也是孔门弟子对孔子的政治理念的一个总结。所以,在《史记·孔子世家》中有这样的记载:孔子周游列国,本是想传播儒家的和谐理念。但是,各诸侯国君只是想假借尊重孔子之名,来炫耀自己崇尚贤者。只是给予孔门师徒以较为优厚的生活待遇,却不给以实际权力,更不会真正采纳孔子的政治主张。譬如在卫国,卫灵公就曾以兵阵之事来向孔子发问。孔子回答说,我只了解与礼仪有关的事情,而对于"军旅之事",我则没有什么研究。卫灵公很快就表现出"色不在孔子"的样子,也最为直接地表达了对孔子及其学说不感兴趣的态度。

《礼记·檀弓下》记载,孔子与弟子路过泰山脚下,有一个妇人在墓前哭得很悲伤。孔子依着车轼听妇人的哭声,让子路前去问那个妇人。子路问道:"您这样哭,实在像连着有了几件伤心事似的。"妇人说:"没错,之前我的公公被老虎咬死了,后来我的丈夫又被老虎咬死了,现在我的儿子又死在了老虎口中!"孔子问:"那为什么不离开这里呢?"妇人回答说:"这里没有残暴的政令。"孔子说:"年轻人要记住这件事,苛刻残暴的政令比老虎还要凶猛可怕啊!"孔子认为,君主在治理国家时,只有做到了和才能取得成功。他所提出的"惠而不费""劳而不怨""欲而不贪""泰而不骄""威而不猛"之"五美",与对"四恶"之"不教而杀""不戒视成""慢令致期""出纳之吝"的定义,作为一种具体的施政纲目,取其任何一端,都是行不通的。那么两端之间的"以他平他"之和,才是最好的状态。如先教而后杀、先戒而后视成、先令而后致期等。由此,孔子提出了"为政以德"的政治主张。他说:"为政以德,譬如北辰居其所而众星共之。"(《论语·为政》)在孔子看来,治理国家,统治人民,应以道德教化为主,而不要过分迷信刑政。因为"道之以政,齐之以刑,民免而无耻。道之以德,齐之以礼,有耻且格"(《论语·为政》)。孔子认为道德教化与礼的规范作用要远远胜过单纯的刑罚的惩戒作用。

孔子虽然极其重视道德教化的作用，但他并不绝对排斥刑与罚在治理国家社会中的作用，而是以刑罚作为治理国家的辅助手段。据《左传》昭公二十年记载，郑国子产病重，对子太叔说："我死后，你必定执政。只有有德之人才能够用宽容来使百姓臣服；其次就是要以严厉使百姓臣服。比如火因为猛烈，人们看着就会产生畏惧，所以很少有人死于火；水柔弱，人们则会轻视而玩弄它，所以有很多人死于水。"不久，子产去世，太叔执政。由于他执政过于宽松，致使郑国盗贼疯狂，都聚集在芦苇塘里劫财杀人。太叔很后悔，认为自己如果听从子产的教诲，不至于发展到此种程度。于是发兵攻打芦苇塘里的盗贼，使得社会秩序有所好转。孔子听到这件事后，评价说："善哉！政宽则民慢，慢则纠之以猛。猛则民残，残则施之以宽。宽以济猛，猛以济宽，政是以和。"在孔子看来，治理国家，只有宽猛结合互济，才能实现和谐的政治理想。

由于国家与社会由不同的阶级和阶层所构成，所以社会的稳定与发展，靠的是社会各阶级、阶层的和谐作用。那就首先要明确不同的人在社会生活当中所应有的本分。孔子的"正名"学说就是基于此而提出来的。《论语·子路》篇记载了孔子返回卫国途中与弟子子路的对话。子路问孔子："这次返回卫国，如果卫君重用您来主政，您最先着手的是哪一点？"孔子回答说："必也正名乎！"子路情不自禁地指出孔子此举"迂"。孔子说："野哉，由也！君子于其所不知，盖阙如也。名不正，则言不顺；言不顺，则事不成；事不成，则礼乐不兴；礼乐不兴，则刑罚不中；刑罚不中，则民无所措手足。故君子名之必可言也，言之必可行也。君子于其言，无所苟而已矣。"

孔子认为，要稳定社会秩序，首先应该使社会中的每一个人都意识到自己所扮演的社会角色，要明确规定每一个社会角色所应承担的义务以及所能享受的社会权利，这样才能使社会上的每一个人都知道应如何立身处世。唯其如此，社会机能才能正常运转并发挥其应有的功能。怎样才能算是"正"呢？孔子在他与齐景公的一段对话中做了具体的解释。齐景公曾问"政"于孔子，孔子给他的回答是："君君、臣臣、父父、子子。"（《论语·颜渊》）也就是君要有君的样子，臣要有臣的样子，父亲要有父亲的样子，儿子则要有儿子的样子。齐景公马上明白了孔子的意思，接着做了回答："善哉！信如君不君，臣不臣，父不父，子不子，虽有粟，吾得而食诸？"（《论语·颜渊》）也就是说，如果人们都不按社会规定的既有角色去做，社会秩序的安定将是无从实现的。一般的观点均认为，孔子所强调的"正名"，是孔子思想中贵族精神的一种体现，他是希望恢复西周时期的贵贱有等、尊卑有序这样一种政治制度。所以，对孔子思想持批判态度的人，则在此大做文章。对于这个问题，还是应该辩证地来看。只要有国家的存在，就必然会存在社会分工，而只要有这种分工的存在，就必然会存在各种不同等级，就必然会存在管理者与被管理者的区分，绝对的平等是不存在的，也是不可能的。古今一然。

从"正名"的需要出发，孔子主张"君使臣以礼，臣事君以忠"，"不在其位，不谋其政"（《论语·八佾》）。关键是让什么样的人来充当管理者呢？这是孔子最为关注的。孔子对当政者提出了正人必先正己的主张，指出："其身正，不令而行，其身不正，虽令不从。"（《论语·子路》）孔门弟子子夏在评论孔子的"举直错诸枉"的"举贤才"思想主张时指出："富哉言乎！舜有天下，选于众，举皋陶，不仁者远矣；汤有天下，选于众，举伊尹，不仁者远矣。"（《论语·颜渊》）同时，孔子又从整体上提出了"克己复礼为仁"（《论语·颜渊》）的思想。在孔子的思想体系中，仁与礼是一个不可分割的整体，二者相辅相成。孔子说："人而不仁，如礼何？"（《论语·八佾》）仁即爱人。孔子将仁的精神引入礼之中，以仁纳入礼，以礼制约仁，从而达到一种有等级但又不过分对立、有仁爱而又能体现上下尊卑区别的和谐。其最终的目标是人们既知礼而又行礼，便可以实现安定和谐的政治局面。所谓"一日克己复礼，天下归仁焉"（《论语·颜渊》）。

民以食为天。孔子在治国方略上提倡和的同时，也十分重视在经济利益分配上讲求和。他说："丘也闻有国有家者，不患寡而患不均，不患贫而患不安。盖均无贫，和无寡，安无倾。"（《论语·季氏》）孔子这段话的意思是说，一个国家如果财富分配均匀，则不会有过于贫困者，上下关系和睦则不怕人口少。通过均以输贫，和以济寡，安以扶倾，来消除因财富分配不均而引起的不同阶级和阶层之间的利益冲突。因此，当政者就要推行一系列的政治经济政策,来调均上下贫富的等级秩序。基于此,我们就很好理解孔子的"富民""惠民"主张了。在他的"藏富于民"的思想主张中,也贯穿着和的原则,针对的是社会上存在的严重贫富分化所导致的社会矛盾激化,而使天下动荡不安的局面,他试图通过"均无寡,和无贫"来缩小这种矛盾,通过分配关系的有序,来帮助整个社会协调有序地发展。年成不好,国家和人民同时面临困境,孔子弟子有若则劝哀公把税率由十抽二变成十抽一,目的就是让人民能有基本的生活保障,这与孔子的思想是完全一致的。孔子十分反对横征暴敛,当他听说季氏富于周公,而弟子冉求仍为之聚敛时,气愤地说:"非吾徒也。小子鸣鼓而攻之,可也。"(《论语·先进》)孔子还主张减轻徭役,"使民以时"(《论语·学而》)。为政者应当掌握好这种尺度,对待人民凡事不要做过了头。《大戴礼记·诰志》载,孔子强调"政以胜众,非以陵众;政以胜事,非以伤事;事以靖民,非以徵民"。孔子提出以均、和来调节利益分配,但这绝不等同于现代意义上的平均主义,也与同时代墨家的"有余财以分人"的小生产者的思想主张不同。孔子依然恪守着"贵贱不愆,所谓度也"(《左传·昭公二十九年》)的原则。

《礼运》描述了大同之世的图景:"大道之行也,天下为公。选贤与能,讲信修睦,故人不独亲其亲,不独子其子,使老有所终,壮有所用,幼有所长,矜寡孤独废疾者皆有所养。男有分,女有归。货恶其弃于地也,不必藏于己;力恶其不出于身也,不必为己。是故谋闭而不兴，盗窃乱贼而不作，故外户而不闭。是谓大同。"根据孔颖达的理解，大同之世就是所说的"禅让"时代，"在禹汤之前，故为五帝时也"。这是一个前礼乐时代，人们团结和睦，不独亲其亲，不独子其子，是因为那个时代人们紧密团结对于生存来说是非常重要的。这是孔子追求的最高的和谐境界。

3. 和而不同

和而不同是孔子理想人格的一个重要方面。

和与同是先秦时期两个重要的哲学概念。"和同之辨"早在西周末年就已经出现，孔子有关"和同之辨"的理论，是对前人学说的一种继承和发展。有关统计表明，在《论语》中，"和"字共有八见，"同"字共九见。《论语·子路》中，孔子在论及君子与小人的区别时指出："君子和而不同，小人同而不和。"意思是说，道德修养好的人，就是君子，他们善于协调各种分歧意见与矛盾，而不是盲目附和。他们能够在各种分歧中达成共识，使一切事物都能做得恰到好处，始终处于一种和谐状态。而小人则恰恰相反，他们不能正确对待各种不同的矛盾，只会盲目苟同，不善于协调，因而也就形成不了新的和谐。

孔子将"和同"思想完全落实于日常人伦的各个方面，"择善而从"原则在此具有普遍性意义。君下的忠臣并不是一味地逢迎，而应当敢于指出君上的过失。处理君臣关系是如此，对于一般人，孔子也反对那种盲目迎合别人，从不发表反对意见的做法，也反对排斥和打击不同意见的做法。对于这样的做法，孔子称其为"乡愿"，认为"乡愿，德之贼也"（《论语·阳货》）。我们知道，颜渊是孔子最为得意的弟子，但颜渊对于孔子的亦步亦趋，却令孔子十分不满。孔子同时提出了"时中"的实现和的方法论，将礼落实下来，也就将和的目标落在了实处。"时中"是一个辩证原则，并不是不讲原则。指的是在不违背礼的原则下对具体问题进行具体分析。如孔子对春秋时期管仲的评价，《论语》中曾有两处批评管仲的奢侈与越礼，但是孔子肯定管仲是一个"仁者"。在孔子看来，管仲的奢侈和越礼，同他一生的表现与功绩比较起来，只是小节。由此可知，孔子的和思想既是一种道德论，也是一种方法论。

有学者指出，"和同之辨"在孔子那里已经具有了以下发展："①'和'作为目的性的地位被确立；②'和'作为达成目的的方法论原则即平衡性原则的主导地位得到贞定；③'礼'作为等级性原则是'和'内各元素进行组合的具体标准，即'礼所以制中也'；④在平衡性原则与等级性原则之间也存在着如何平衡的问题即如何中庸的问题；⑤'和'的实现有赖于主体内在之和即'中'的呈现与立足。"[1]这种分析和结论是比较正确的。孔子以后历

1　陈科华：《"和同之辨"及其对当代和平理论构建的意义》，《求索》1999年第4期。

代儒家之对于"和"范畴的阐发,都是在孔子学说基础上进行的。

4. 心之安和

孔子之世,社会局面是混乱的,人们的精神是迷茫的,道德冷漠是社会的普遍现象。但也正应了那句人们最为熟知的话:时势造英雄。孔子的伟大之处则在这灰色时代得以彰显。显然,孔子所处的背景可以用两个字来概括:困、窘。孔子为了宣扬自己的救世主张,周游列国孜孜以求。在周游过程中,仅见于记载的大难就有三次,一是被围于匡地(《论语·子罕》),一是宋国司马桓魋伐树意杀孔子(《论语·述而》),还有一次是"在陈绝粮",七天没有饭吃,靠野菜充饥,"从者病,莫能兴"。随从弟子子路恼怒而问孔子:"君子亦有穷乎?"孔子说:"君子固穷,小人穷斯滥矣。"(《论语·卫灵公》)孔子的一句"君子固穷",是说道德君子在一定的社会条件中,有时难免受穷,但是君子应早已有思想准备,"固穷"才是君子应有的心灵状态——处之泰然。孔子主张,"君子谋道不谋食""君子忧道不忧贫"(《论语·卫灵公》),"士志于道,而耻恶衣恶食者,未足与议也",君子要立志于道,甚至"朝闻道,夕死可矣"。(《论语·里仁》)如果说物质上的极度匮乏是孔子所面临的一大困境的话,那么,他更大的困境是不被人们所认可的心灵大煎熬。当世人称他"累累若丧家之狗",这样的称谓,无论今人发挥多大的想象力来对其进行重新解读,依笔者看,都难掩其嘲讽贬低之义。且不说孔子在各诸侯国当政者那里所享受到的"系而不食"的尴尬,即使世俗之人对他也多有冷眼。从楚狂接舆的不屑与之对话,到耦而耕的长沮、桀溺封孔子为"避人之士",更有荷蓧丈人讥孔子为"四体不勤,五谷不分"之人。凡此种种,都让孔子感到"怃然"。但孔子说:"鸟兽不可与同群,吾非斯人之徒与而谁与?天下有道,丘不与易也。"(《论语·微子》)孔子只有一个信念,挽巨澜于滔滔天下,这才是孔子最大的追求和快乐。而这恰恰是孔子"贵仁"的心灵基础。因为在孔子看来,唯仁者能够以"爱人"之心来处理人际关系,才能达到"仁者不忧"(《论语·子罕》)、"在邦无怨,在家无怨"(《论语·颜渊》)的境界。所以,在孔子的学说中,"仁心"即"和心",而"和心"又体现为一种"仁者之乐"的追求。

　　孔子不是完全"无忧"。"道之不行"是其最大的忧患。孔子是在努力求"仁"之"乐"与忧虑天下人伦颓毁之间,达到了一种超越的圆满融通,志趣即"心之所之"与"心之所趋"。孔子很重视"志","三军可夺帅也,匹夫不可夺志也"(《论语·子罕》)。孔子也经常与他的弟子"各言其志",如《论语·先进》记载:一次,子路、曾皙、冉有、公西华侍坐。孔子让他们四人各自谈谈自己的志趣所在。子路、冉有、公西华都表达了参与社会活动的愿望,而曾皙则表达了自己不同的理想。曾皙说:"莫春者,春服既成。冠者五六人,童子六七人,浴乎沂,风乎舞雩,咏而归。"孔子对此很感兴趣,喟然叹曰:"吾与点也。"暮春时节,约五六个好友,唤六七个小孩,穿上轻便的服装,到河水中去洗洗澡,在河边吹吹风,然后吟咏歌唱而归。这是孔门师生间充满了乐观的浪漫主义的一次对话,是对天下和谐实现后的一种向往。"曾皙之乐"是一种天人合一的境界之乐,也是孔门师生间释放心理压力的一种方式。但若有些学者认为的曾皙因志趣高远、气象宏大而得到孔子之赞许,倒有牵强之嫌。

"心安"才能"理得",是孔子提出的内心安适和乐——"和心"的一个基本准则,而只有"心安理得",才能够使人们的行为获得一个充分而合理的根据。《论语·阳货》篇记载:孔子弟子宰我似嫌三年之丧的古礼规定,时间过长,会造成礼崩乐坏,一年守丧足矣。孔子反问他:"守丧期间,吃白米饭,穿丝绸,你会心安吗?"宰我说:"会。"孔子又说:"你心安就好!君子居丧期间,好吃的东西吃也吃不下,好听的音乐,听了也不觉得快乐。你要觉得快乐,你就那么做。"宰我没有吭声就走了。孔子说:"宰我真是不仁呀!每个人出生以后,都要三年才能脱离父母的怀抱。所以才有三年之丧为天下之通制。宰我你难道没有得到三年的父母之爱吗?"孔子从最基本的人生经验出发,"子生三年,然后免于父母之怀",然后谈到"三年之丧,天下之通丧",责问宰我,难道你就没有得到过父母"之怀"之"爱"吗?所以为人子女者,"守丧三年"应当是一种真挚的怀念之情的体现。"安则为之"不仅仅体现在孔子对宰我的教育中,这是孔子的一贯人生态度,那便是"安贫乐道",在"安贫"中追求"得道"的快乐。"安贫"当然不是"乐贫",也不是以贫为乐。

这是一种"合理的幸福"[1]，穷达贫富都保持安适和乐之心，"不怨天，不尤人"（《论语·宪问》）。

总之，孔子的心灵和谐思想，是一种心安之和，更是一种充满了浪漫主义色彩的积极心态。

二、孟子：天时地利不如人和

孟子（约前372—前289），名轲，字子舆，是战国中期儒家杰出的代表人物。孟子以孔子私淑弟子自居，提出了性善论的人性学说，为孔子的"仁学"找到了理论根源，并将其发展为"仁政"学说。他反对兼并战争，谴责当时的黑暗政治，在中国历史上第一次明确提出了"民贵君轻"的口号，力图把政治引向他所设定的"保民而王"的轨道上来。和是孟子"仁政"学说的重要组成部分。

1. 仁政是社会和谐的保证

孟子生活的时代，正是诸侯割据争雄、霸道横行的时期，连年的征战，造成了人民的大量伤亡，使人们陷入了深深的灾难之中。据史书记载，仅仅在公元前260年赵国与秦国的一场交战中，赵国前后就有45万人伤亡。孟子目睹了战争造成的"争地以战，杀人盈野；争城以战，杀人盈城"的残酷现实，认为这是

---

1 冯友兰：《人生哲学》，广西师范大学出版社2005年版，第114页。

"率土地而食人肉，罪不容于死"（《孟子·离娄上》）。对统治者草菅人命的行为表示极大的愤慨，要让"善战者服上刑"。同时，孟子认为，各国统治者为了拓疆辟土而采取"霸道"政策是断断行不通的。即使是暂时夺得了别国领土，一方面不会令被征服者真正心服口服，压制无法维持长久；另一方面，所谓得天下，不是指得天下土地，而是指得天下民心。只有推行王道，以德服人，才可以争取民心归附，才能够一统天下。同时，在孟子看来，他所处的时代，也正面临着一种历史机遇，那就是有稍能施仁爱于百姓者，便会争得民心。统治者如若对民施与仁心，天下之民一定会如"水之就下"，沛然之势无法阻挡，何必诉诸战争呢？所以在《孟子·梁惠王下》中有"闻诛一夫纣矣，未闻弑君也"这种超越时代的强音。因为按照传统的礼法观念，臣弑君是大逆不道的犯上之举，是非礼的行为。但对于像桀、纣这样的残暴之君，孟子根本不把他们当成什么"君"，仅仅视他们为"一夫"，因而汤武革命是合理的。孟子对于统治者的这种揭露和批判，在先秦诸子当中是不多见的。

战争是政治的一种特殊形式，是政治的一种延续。尽管孟子反对战争，指责"春秋无义战"，但在统一战争势在必行的情况下，它是不以任何人的意志为转移的。人民群众在兼并战争中所显示出的巨大力量，给孟子的"民本"思想以深刻的启迪。所以，孟子"仁政"学说的最为核心的一点，就是要治国有方，使四方之民都来归依自己。孟子继承和发展了中国古代的"民本"思想，而且其论述也较以前更为深刻了。孟子提出了"民贵君轻"的光辉命题,所谓"民为贵,社稷次之,君为轻"(《孟子·尽心下》)。《孟子·梁惠王上》记载:梁襄王问孟子:"天下恶乎定?"孟子回答说:"定于一。"梁襄王进一步又问:"孰能一之?"孟子说:"不嗜杀人者能一之。"只有民心归附才是统一天下的关键。因而,孟子得出了"天时不如地利,地利不如人和"的命题。在天时、地利、人和三大要素中,人和是最为关键的。为什么呢?孟子认为:"得道者多助,失道者寡助。"(《孟子·公孙丑下》)孟子通过自己的解释,阐发了《尚书·泰誓》所言"天听自我民听,天视自我民视"的思想。孟子把民心置于天意之上,民心又代表和体现了天意,因而民心才是至高无上和不可违抗的。所以,统治者应该采取好的政治与经济政策。《孟子·梁惠王上》记载:有一次孟子和梁惠王谈论治国之道。孟子问梁惠王:"用木棍打死人和用刀子杀死人,有什么不同吗?"梁惠王回答说:"没有什么不同。"孟子又问:"用刀子杀死人和用政治害死人有什么不同?"梁惠王说:"也没有什么不同。"孟子接着说:"现在大王的厨房里有的是肥肉,马厩里有的是壮马,可老百姓面有饥色,野外躺着饿死的人。这是当权者在带领着野兽来吃人啊!大王想想,野兽相食尚且使人厌恶,那么当权者带着野兽来吃人,怎么能当好老百姓的父母官呢?孔子曾经说过,首先开始用俑(古时陪同死人下葬的木偶或土偶)的人,他是断子绝孙、没有后代的吧!您看,用人形的土偶来殉葬尚且不可,又怎么可以让老百姓活活地饿死呢？"这也是"始作俑者"成语的最早来源。

2. 突出强调"人和"

注重"人和"是孟子和谐思想的最大特点。《孟子·梁惠王下》记载：邹国与鲁国发生了冲突。邹穆公问孟子说："我的官吏死了三十三个人，老百姓没有一个为他们牺牲的。杀他们吧，杀不了那么多；不杀他们吧，他们眼看自己的长官被杀而不去营救。实在可恨，怎么办呢？"孟子说："在灾荒之年，您的百姓，年老体弱的弃尸山沟荒野，身体强壮的四处逃窜，这样的人不止千人之多吧。可您呢，粮食满仓，财宝满库，这种情况您的有关官吏也不向您报告。这就是在上位的人不关心老百姓，并且还残害他们。曾子曾经说过：'提高警惕，提高警惕！您怎样对待别人，别人就会给您怎样的回报。'这次邹鲁冲突，您的百姓不是正好得到报复的机会了？！所以，不要责备百姓，如果您对他们行仁爱，您的百姓自然就会喜欢并保护他们的长官了，并且也会愿意为他们的长官去赴死了。"[1] 孟子明确指出，正是由于当政者的"残"与"慢"，民众才会坐视"长上之死而不救"的。对统治者来说，他们怎样对待老百姓，百姓就怎样回报他们，这是不能怨百姓的。关键是当政者首先应当以恻隐之心对待民众，这才是实现人和的根本保证。

现实的问题是，兼并战争仍在进行。孟子又将他的"仁政"

---

1 参考杨伯峻：《孟子译注》，中华书局1960年版，第48页。

学说引入邦交政策中。当齐宣王问他"交邻国有道乎"这样一个问题时，孟子主张推行和平的邦交政策，在国与国之间，无论是对于大国还是小国，都不应该诉诸武力。孟子的这种主张是孔子忠恕之道的一个延续和发展。孟子主张统治者都应该做到推己及人，己所不欲，勿施于人，将仁爱之心推而达四海，而不要对其他国家存有霸占之野心，更不能去侵略别的国家，实行和睦邦交。最后的逻辑终点，将是"大德役小德"，天下将是一片祥和的景象。

在和谐人格层面，与孔子思想一脉相承，孟子也极力反对那种"乡愿"人格。他认为"乡愿"是那种"阉然媚于世者"，他们没有自我，没有操守，"非之无举也，刺之无刺也，同乎流俗，合乎污世，居之似忠信，行之似廉洁，众皆悦之，自以为是，而不可与入尧舜之道，故曰：'德之贼'也"（《孟子·尽心下》）。在孟子看来，"乡愿"之人简直就似行尸走肉！没有自己的情感与是非观念，只会同流合污，与和谐人格无涉。孟子所设计的理想人格是顶天立地、充满浩然之气的"大丈夫"，那种毫无气节的"乡愿"，被孟子所斥责，也在情理之中。这也与孟子的"为王者师"的精神气概紧密相连。可见，孟子认为，欲达精神至善之境界，还必须"尚志"。

3. 强调社会分工的必然性

强调社会分工的必然性，以保障社会运行机制的和谐，是孟子论和的又一重要特征。人类社会历史的发展表明，社会分工是人类社会生产力发展到一定阶段的必然产物，而社会分工又会反过来促进社会生产力的发展及社会的进步，社会分工是社会有序发展的基本保证。但在孟子生活的年代，有以许行为代表的一些思想家，他们不能容忍因社会分工而分化出来的那一部分脑力劳动者，可以不耕而食，不织而衣，坐享其成。他们主张当政者应该与民同耕，自己生产粮食，同时再肩负起治理国家的责任。设想一下，果真如此，那天下还不乱套到极致了吗？孟子在对许行进行驳斥的同时，阐发了自己的思想。

孟子指出，治理国家这样的大事，怎么可能与种田同时兼顾呢？如果每个人，无论什么东西都要自己生产自己用，那么，全天下的人只能疲于奔命，而最终的结果只能是越来越贫困。社会分工是必然的和必需的，有人劳心，有人劳力，这是普天下都适用的道理。劳心者劳力者都是社会生活当中所必不可少的，只是二者的劳动方式不同而已。在某种程度上，劳心者对社会的和谐有序的发展可以起到更大的作用。孟子是在与农家代表人物许行的辩论中提出社会分工理论的。孟子认为，大禹治水，三过家门而不入，即便是想亲自种田，又如何做得到？后稷教民稼穑、契教民以人伦、尧舜之治理天下，也都未必是亲耕。孟子强调"劳心者"的贡献就在于，他们能够协调好各种关系，把仁义孝悌和先王之风在社会上广为流布，所以"劳心者"的存在是合理的、必要的。

孟子认为，仁义礼智四种善端是人心所固有的，是人与"非人"的本质区别所在；是"不学而知"与"不学而能"的，这就是"良知"与"良能"。而这种"良知""良能"是人的天赋本能，不是后天强加给人的。孟子从人与禽兽的区别上来把握人性，进而找到了"人之异于禽兽"的根本原因所在。所以，孟子更强调的是内心的"存养"工夫，是将建立在性善论基础之上的"心"的存养与扩充的工夫，使"心"完全成为道德之心，最后通过"尽心"，达到"万物皆备于我"的自由境界。孟子的这种尽心—知性—知天的天人合一的思想，是孟子所提倡的天人合一的理想境界，在宋明理学家那里得到了进一步的发展。

二程认为："孟子大有功于世，以其道性善"。孟子在性善论的基础上，发展了孔子的和谐思想。毫无疑问，孔孟的和谐思想，奠定了中国传统和谐思想的发展方向。

第三章

和：纷争割据时代的众生祈盼（上）

春秋战国时期，可以说战争便是整个中国全部的政治话题。"春秋五霸"与"战国七雄"无一不是产生于战火之中与白骨堆之上。连年的征战使得民不聊生，在充满着变故而又混乱不堪的形势下，众生祈盼和平。同时，正如德国历史学家卡尔·亚斯贝斯所指出的那样，春秋战国时期，恰恰又是中国思想发展的黄金时代，即其所谓的"轴心时代"。春秋战国时期诸子百家学说的产生，是那个时代的社会政治、经济以及思想文化发展的必然结果。尤其是礼乐文化的衰落，直接导致了百家学术及其大争鸣的出现。在原有的社会内部的和谐调节机制遭到了破坏的情况下，必须寻求一种适应新形势的统治思想，以形成一种新的内部调节机制。尽管诸子百家因兴起于不同的区域、接受不同的传统文化的影响，又代表着不同的阶级和阶层，"各引一端，崇其所善，以此驰说，取合诸侯"（《汉书·艺文志》），但谋求社会重新走向和谐的目的却又是极其一致的，也就是司马谈所说的"此务为治者也"。在思想家们看来，春秋战国时期是一个社会失衡、人心失和以及意识形态变态的时代，围绕着如何解决这样的时代课题，不同学派的思想家们各持己见。诚如有的学者所指出的那样："诸子百家的存在与争鸣，是中华民族文化成熟的标志。在以后长达两千多年的封建社会的历史长河中，各式各样的思想差不多都可以从战国诸子中找到原型和雏形。直到今天，社会科学中的许多问题，或多或少地还可以从诸子中找到相应的命题或思想源头。"[1]确乎如此，在先秦时期，"和"作为一个重要而又具有强烈现实意义的伦理范畴，诸子百家都从不同的立场和角度，对其进行了论述与阐发。因为"和"是这一历史时期众生最迫切的祈盼！在某种程度上可以说，"和"是保全与稳定一个国家的关键因素。

一、将相和

《史记·廉颇蔺相如列传》中所记载的廉颇与蔺相如"将相和"的故事，在中国可以说是家喻户晓的千古美谈。而"将相和"在当时也确乎保全了赵国。据《史记·廉颇蔺相如列传》记载，"将相和"的故事是由三个事件组成：完璧归赵、渑池之会、负荆请罪。故事的一个核心，就是"和"字。

战国时期，赵惠文王得到一块举世罕见的宝玉曰"和氏璧"，不想，被秦王所觊觎，秦王表示愿拿十五座城来交换。当时只有

---

[1] 刘泽华主编：《中国古代政治思想史》，南开大学出版社1992年版，第41页。

"舍人"身份的蔺相如，主动请缨出使秦国。但是到秦国后，他发现秦昭王并无诚意以城易璧。蔺相如随机应变，并设计派人暗中将"和氏璧"送回赵国。因护卫国宝有功，又保全了国家的尊严，回国后，蔺相如被封为上大夫。几年后，蔺相如又陪赵王赴秦王的"渑池之会"。秦王表现得傲慢无礼。秦王先是令赵王为之鼓瑟，同时令史官记载某年某月某日赵王为秦王鼓瑟；蔺相如在要求秦王为赵王击缶遭到拒绝时，以"颈上血溅大王"相威胁，令秦王无奈为赵王击缶。蔺相如同样命令史官记载某年某月某日，秦王为赵王击缶。后秦国群臣要求赵王以十五座城为秦王祝寿，蔺相如则针锋相对，让秦国以其都城咸阳为赵王献礼。结果，渑池之会也因蔺相如的据理力争，使得赵王免受秦王的侮辱，蔺相如被封为上卿。但是，老将廉颇认为，蔺相如不过一介布衣，与自己的战无不胜、攻无不克相比，根本无法相提并论，何况还得到如此殊荣！廉颇内心极端不满，多次对别人说："待我见到蔺相如，我必定要羞辱他。"而蔺相如以国家大局为重，表现得非常宽容和大度，为了避免与廉颇发生正面冲突，甚至称病不朝，还嘱咐手下人，不允许与廉颇的下人发生争吵。在手下人表示不理解的情况下，蔺相如解释说："秦国之所以不敢来犯赵国，是因为现在赵国君臣上下一条心。我和廉将军好比两只老虎，两者相斗必有一伤或者一死。这样必会给秦国造成可乘之机。大家想想，是国家的事情大呢，还是个人的面子大？"蔺相如的这番委婉求和的话，后来终于传到了廉颇那里，他感到十分羞愧，于是便主动

"负荆请罪",二人最终成为"刎颈之交"。

"将相和"不仅在战国时期保证了赵国在一定时期的稳定,而且在中国社会产生了深远的影响。在中学教材、中国的许多传统剧目中,都演绎过"将相和"的故事。

当然,在先秦时期影响更为深远的,是诸子思想家们对于和的关注和探讨。

二、儒家思想与和

1. 荀子:审一以定和

荀子(约前313—前238),名况,又称荀卿、孙卿,是战国晚期儒家的代表人物。郭沫若先生说:"他不仅集了儒家的大成,而且可以说是集了百家的大成的。"[1]如果说孟子是从"仁"的方向去把握和发展了孔子的学说的话,那么荀子则是循着"礼"的方向将孔子学说发展下去。荀子生活的时代,秦国一统天下已成定势,百家争鸣也接近尾声。而荀子的一生的关键时期都是在稷下学官度过的,这就注定了荀子儒学兼收并蓄的特点。他能够站在时代的高度,对诸子之学进行评判,企图援法入儒则是荀学最为突出的特点。

荀子关于和的思想,建立在他所预设的性恶论的理论基础之

---

[1] 郭沫若:《十批判书》,科学出版社1956年10月版,第209页。

上。荀子的性恶论是与孟子的性善论相对立而提出来的。荀子认为，所谓人之"性"，是指人与生俱来的自然本性，是"无待而然者也"（《荀子·儒效》）。如饥而欲食、寒而欲暖、劳而欲息、好利恶害，还有人的好生恶死的生存欲，对利益的占有欲以及权力欲等，都是人的先天本能，这个本能就是荀子所界定的人性。"今人之性，固无礼义"，也就是说，人性是恶的，"人之性恶明矣，其善者伪也"（《荀子·性恶》）。沿着这样的思路发展下去，当然不能让人循着恶性发展。荀子说："苟无之中者，必求于外。"（《荀子·性恶》）人性虽然不能为，"然而可化也"（《荀子·儒效》）。因之有荀子的"化性起伪"学说的提出。荀子首先将"性"与"伪"进行区分。荀子说："可学而能，可事而成之在人者，谓之伪。""心虑而能为之动谓之伪；虑积焉，能习焉，而后成谓之伪。"（《荀子·正名》）"伪者，文理隆盛也。"（《荀子·礼论》）荀子这里所说的"伪"是人为的意思，就是"化"。即以礼来引导和约束人的各种欲望，加以合理的节制，而不是完全扼杀人的欲望。荀子虽然认为人的天赋本然之性为恶，但他也认为人的情欲通过礼的规范是可以得到满足的。礼义的规范作用就在于使人人能够从本然之我达于理想之我，这种理想之我，就是荀子理想中的君子人格。荀子的理想人格的表征是"与天地参"以及身心双修。

荀子学说的特点是适应时代的需求，使孔子的礼学发展得更为完备。在荀子看来，为政不依礼，则政治行不通；为人不依礼，则必然迷失前行的方向。所以，礼既是价值理性，也是工具理性。作为工具理性，它的作用是使人们能够"合群明分"，使社会秩序平稳发展。作为价值理性，最终的目的是建立一个和谐有序的道德理想国。荀子有句中国几乎人人熟知的话："天行有常，不为尧存，不为桀亡。应之以治则吉，应之以乱则凶。"（《荀子·天论》）荀子不仅为礼在社会生活中找到了它产生和存在的依据，而且还试图为它寻找到一个形而上的依据，那就是自然界的有序演进，也是礼的和谐精神的完整体现。荀子对于礼的这种形而上的根本意义的界定，表明天地间的一切事物的秩序都是在礼的规定下产生的，并且始终受到礼或者礼义的制约。礼的作用还表现为礼之能"分"。这个"分"既是人之所以异于禽兽者，也在于能够使人在社会生活中依照一种有序之"分"来有所作为。荀子认为，人之力不若牛，走不若马，但却能驾驭万物，在于人之能"群"。"人而能群"是人类社会能够战胜自然、生存与发展下去的保障。但人类社会也是处处充满了矛盾的，"欲多而物寡，寡则必争矣"（《荀子·富国》）。为了维护"群"的统一，避免混乱，所以又必须有"分"，而这个"分"则是"和"的基础。"礼"能"明分使群"，所以荀子以礼为"群居和一之道"。从整体上看，就政治倾向而言，荀子所追求的依然是王道政治，"礼"是实现和的唯一途径，即通过礼的实施，来实现社会上的尊卑有等、长幼有序，从而实现社会的安定和谐的局面。也就是社会之"和"——依于礼。但是正如我们在前文所说的那样，荀子是战国晚期的思想大师，他能够站在时代的高度来审视整个思想界，当然也包括了儒家学说。为了适应时代的需要，荀子开始试图摆脱孔孟儒家的"迂远"而主动接近于社会现实。因荀子长期活动于稷下，受到稷下刑名之学与百家争鸣的影响，荀子学说也呈现出不再"纯粹"的特征。即如荀子所倍加推崇的"礼"也开始具有了"法"的含义。荀子认为单纯的礼乐教化与单纯的刑罚惩戒，都不会使人弃恶从善，必须礼法结合，才能"和"。在这里，我们可以明显看出荀子的实现和的途径与孔孟之间所存在的差异。孔孟致和，着重于通过对人的主体道德意识的提升来实现社会的和谐有序发展。荀子实现和的途径是"审一以定和"（《荀子·乐论》）。这个"一"指的是已经包含了法的意义在内的"礼"。那么，这个体现了政治意义的和，是一种在礼的规定下的和，换句话说，就是：审礼则和定。

荀子关于天人之和的思想，主要表现在荀子主张天人应当各司其职，人应当尊重自然规律。即人应当"明于天人之分"及"与天地参"。荀子所说的"天"应该主要是指"自然之天"。因为《荀子》所体现的是，在说明天人关系和人本身的自然属性时，荀子把天看成整个自然界的总称。荀子说："天地者，生之本也。"（《荀子·礼论》）"天地者，生之始也。"（《荀子·王制》）学术界一般的观点认为荀子提出的"天人之分"是割裂了天、人关系，是与"天人合一"相对立的，实际上不是这样的。荀子所说的"分"指的是本分、职分，"天人之分"只是划定了天和人各自发挥作用的范围而已。荀子说："不为而成，不求而得，夫是之谓天职。""天不为人之恶寒也辍冬，地不为人之恶辽远也辍广。"（《荀子·天论》）天与人应该各司其职，二者不能相互替代。人不要与天争职。荀子说："如是者，虽深，其人不加虑焉；虽大，不加能焉；虽精，不加察焉；夫是之谓不与天争职。"人对于天人二者各自的作用，应该有清醒的认识，"知其所为，知其所不为"（《荀子·天论》）。所以，在社会政治生活方面，荀子反复言明社会的治乱安危都是人为的结果，与"天"无关，并非自然所能决定的。尽管治乱与天、时、地并无直接关系，但荀子还是提出要充分利用天时、地利、人和，应当"上得天时，下得地利，中得人和"（《荀子·富国》）。荀子认为人在不"失万物之性"（《荀子·天论》）的情况下，可以用物与役物，从而有荀子的"制天命而用之"的思想的提出。荀子认为，人应当充分发挥主观能动性，通过"骋能""制物""理物""化物"达到"制天命而用之"的目的，让自然万物为人服务，为人所用。

但是，长期以来，学术界对于荀子的"制天命而用之"的观点一直存在误解，认为荀子的天人学说是主张天人相分的，甚至认为荀子是提倡改造自然、战天斗地的英雄，这种评价失之偏颇。实质上，荀子是通过对天人之"分"的界定，让天、人在各自的范围内实施自己的职责，从而建立起和谐的宇宙秩序。从这个意义上可以说，荀子的天人论不仅没有背离儒家的轨道，而且在一定程度上丰富和发展了儒家天人合一的思想，只是所侧重的角度不同而已。天、地、人各司其职，相互协和，即"能参"。能够

"与天地参"的人格,才是君子人格。

　　荀子既重"修身"也重"治心",认为这是作为道德主体的人实现身心双修而至精神和谐的必要手段。王均林指出:"从'性伪分'到'性伪合',中间的一个关键是'化性'。荀子正是抓住了'化性'这个环节大做其'修身'的文章。"[1]荀子从天赋人性是平等的基本原则出发,认为"涂之人可以为禹",但从现实的情况看,"涂之人能为禹,未必然也"(《荀子·性恶》)。人性是恶的,但也是可以改变的,人通过积习礼义而可成为圣人,所以,荀子与孔孟在以修身为本的问题上,又是一脉相承的。"美其身"是人修身的一个境界,使人首先使自身成为求知、向善、爱美、统一、和谐的主体。荀子视学习为实现这一切的首要条件,所以他反复强调"学不可以已""青出于蓝而胜于蓝"。"学"对于人来说,它永远只是一个过程,是无止境的,即荀子所谓"学至于没而后止"(《荀子·劝学》)。荀子主张人首先应当立"冥冥之志",才会有"昭昭之功"。与此紧密相连,荀子非常重视环境与师友的影响。荀子将天、地、君、亲、师并称,认为人若无师法,就会导致人性之恶的膨胀,甚至会导致天下的大乱。荀子说:"上无君师,下无父子,夫是之谓至乱。"(《荀子·王制》)在荀子看来,"人无师无法,而知则必为盗,勇则必为贼,云能则必为乱,察则必为

---

[1] 王均林:《门外说儒》,齐鲁书社2002年3月版,第111页。

怪，辩则必为诞"（《荀子·儒效》）。对于"学"的指向规定性，荀子说："学恶乎始？恶乎终？曰：其数则始于诵经，终乎读礼。"（《荀子·劝学》）可见，在荀子的修身理论中，智性潜能的开发与德性的趋向完美，保持了逻辑上的连贯性。

音乐在人的身心和谐、修身进德上的作用，在荀子那里也被提到了空前的高度。《荀子》中专门写有《乐论》章，对音乐的起源及其功用都进行了阐发。为什么会产生音乐呢？荀子指出："夫乐者，乐也。人情之所不免也，故人不能无乐。""乐"的作用与"礼"是有区别的。乐以导情，可以内在地陶冶和塑造人的性情。郭沫若说："中国旧时的所谓'乐'，它的内容包含得很广。音乐、诗歌、舞蹈，本是三位一体可不用说，绘画、雕镂、建筑等艺术也被包含着，甚至于连仪仗、田猎、肴馔等都可以得到涵盖。所谓乐者，乐也。凡是使人快乐使人的感官可以得到享受的东西，都可以广泛地称之为乐，但它是以音乐为其代表，是毫无问题的。"[1] 音乐是对人的心中情感的一种表达方式，"雅、颂之乐"可以陶冶人的情操。所以，儒家自孔子开始，就十分重视音乐在人的身心修养过程中的作用，形成了一种重视乐教的传统。在荀子看来，高雅的音乐之中蕴涵了天地的和美之性。荀子说："乐也者，和之不可变者也。"同时，理想人格不仅应是一种道德之境，

---

[1] 郭沫若：《青铜时代·公孙尼子与其音乐理论》，《郭沫若全集·历史编》（第一卷）人民出版社1982年版，第492页。

也应该是一种审美之境。所谓"乐者，天下之大齐也，中和之纪也，人情之所必不免也"。从"乐"的本质而言，荀子认为："乐者，乐也。君子乐得其道，小人乐得其欲。以道制欲，则乐而不乱；以欲忘道，则惑而不乐。故乐者，所以道乐也，金石丝竹，所以道德也。"（《荀子·乐论》）"乐"从"道乐"而"道德"，人们体验到的是一种心气平和的德性之乐。由此可见，"乐"在实质上具备了修养成自然、内化于人格的特性，表现为对情欲的合于中道的控制。荀子认为，道德主体在面临矛盾的伦理境遇中，能够采取中道之行，保持了和谐的人格心态。这是君子应有的特征，也是保证成功的关键。荀子推崇"义荣"，因为其"由中出者"的道义性质。"荀子对理欲关系的理解，内在地渗入了崇尚'孔颜之乐'的儒学精神。……理性精神的升华显然被置于更为主导的地位。"[1] 君子以礼乐成就道德，而礼乐不同的教化功能是"乐合同，礼别异"，是基于人同此性、心同此情的原理。人的情绪很容易受到音乐的感染，纯正高雅之音乐能够使人的和顺之气相应而生，音乐可以把不同的人的感觉和同起来，发之于外，就会产生和谐的秩序。荀子强调音乐的最大作用就是"定和"，就是以音乐来调和君臣、父子、长幼之间的关系，所谓"调和，乐也"（《荀子·臣道》），最终实现天下人心的"大齐"。和谐的社会秩序是和谐人格的理想延伸。"故乐行而志清，礼修而行成，耳目聪

---

[1] 杨国荣：《善的历程》，上海人民出版社1994年版，第107—108页。

明,血气和平,移风易俗,天下皆宁,美善相乐。"(《荀子·乐论》)"美善相乐"是一种境界,礼乐的作用是使人"性伪合""化性起伪",使人产生道德情感的共鸣,使道德内化于主体之"心",以成就"全"与"粹"的"途之人可以为禹"的理想人格。

在荀子看来,理想人格之中和之心的培养也是非常重要的。以此,荀子提出了"治心"的修养方法。荀子"治心"的修养方法,是基于他的"心有征知"(《荀子·正名》)的认识。荀子总结了各学派在认识论上的经验教训,认为人类认识的最大的弊端,就在于"蔽于一曲,而暗于大理"(《荀子·解蔽》)。就是说,人们在认识事物的过程中,往往把事物的某一局部加以夸大,"执于一端,崇其所善",从而产生片面性,因而也就不能明白事物全面的道理。因此,必须"解蔽"。荀子主张对任何事物都必须全面观察,要在全面观察事物的基础上得出判断和结论,还必须掌握一定的原则和标准,这个标准就是"衡"。"衡"就是"道"。只要精通了"道",即可以"精道物物"。而要"精道物物",就必须"虚壹而静"。荀子提出的"虚壹而静",抛弃了《老子》极端崇尚自然主义的闭门玄思,同时吸收了《管子》书中《心术》《白心》《内业》诸篇所提出的"静因之道",吸收了其中的"治心在于中"的思想。荀子说:"百事无过,非君子莫能。故公平者,听之衡也,中和者,听之绳也。"(《荀子·王制》)荀子"治心"的目的在于培养"中和之心",即他所说的"大清明"状态。荀子还把心之"大清明"状态譬喻为盘水,只有静止勿动,才能保持明澈，正确判断是非。否则，心如果受到了外界的干扰，对于粗浅之理也无法认识。荀子认为通过"治心"可得中和之心，但荀子并未就此止住。他认为，在"治心"的基础上，还应该"养心"。荀子认为"养心"最好的途径则是"诚"。"诚"被荀子看成是"养心"的最好方法，通过"诚"，可达圣人之境，"长迁而不反其初"，就是彻底摆脱了原初的恶之人性，成为"神明自得，圣心备焉"（《荀子·劝学》）的中和人格。

荀子的中和思想，是在对孔孟"和"的理论的继承改造与发展的基础上建构起来的。孟子以性善论作为其"和"的学说的理论基础，如果说孟子将先天的善端作为普遍依据的话，应该说孟子所注重的因素，主要是内在的，其中不乏先验的预设成分；荀子试图起而纠孟子之偏，以性恶论为其理论基础，将后天的、外在的因素，看成是实现"和"的主导因素。二者可谓各走一经，不好断然划分优劣伯仲。

2.《中庸》：致中和

《中庸》原是《礼记》中的一篇，自从宋儒将其从《礼记》中划出以后，地位骤升，成为儒家的重要文献之一。《中庸》将孔子视为"至德"的"中庸"，上升到天人相通的角度来加以论述，其以"中庸"释"和"的思想方法论，在中国"和"思想发展过程中具有重要意义。

孔子虽以"中庸"为至德，但是并没有进一步对此展开来论述。子思作《中庸》，是对孔子中庸思想的继承和发展，把天命与性，中庸与成德、成性有机结合起来。概言之，"致广大而尽精微，极高明而道中庸"，是《中庸》的思想主旨。

《中庸》开宗明义即指出："天命之谓性，率性之谓道，修道之谓教。道也者，不可须臾离也，可离非道也。"这里所说的"天命"，是一种"赋予义天命"，它不"命"于人，却能把"性"一类东西赋予人。"性"本之于天，换言之，是禀受天命而来，所以说"天命之谓性"。这里似乎隐含着一个不言自明的前提，那就是：性是善的。正因为性是善的，才可以"率性"。这个"率性"与孟子的遵循性的指示与要求而行是一致的。因为荀子是不讲"率性"而讲"化性"的。先秦儒家，从孔子到孟荀，"率性"与"化性"代表了两条不同的思想路线。《中庸》认为性原出于天，人应率性而行，与思孟学派的思想是一致的。

在《中庸》作者看来，仅仅停留于"率性"上、依靠人性的自发性，还是不够的，必须发挥人的主观能动性，自觉、积极地进行道德修养。这就是《中庸》所提出的"修道"要求。"道"是对性的总结、抽象与概括，表现为一种理论形态。人通过"修道"的努力，达到对"道"的准确把握与体认，才会正确运用于"率性"上，正确运用于指导人们的思想和行为。《中庸》之所以强调"修道"，原因即在于此。

《中庸》认为，人们"修道"应从日常人伦和实际生活中做起，以便使人的道德在日常的庸言庸行中得以提升，方可达之于崇高的道德境界。《中庸》反复强调:"道不远人。人之为道而远人,不可以为道。"又指出:"君子之道,辟如行远必自迩,辟如登高必自卑。"意思是说,"修道"要从当前抓起,谨小慎微,特别还要注意在个人独处的情况下的修养工夫,即使是"小恶"也不能去做。《中庸》认为"道"的基本特征是"中""和",指出:"喜怒哀乐之未发,谓之中;发而皆中节,谓之和。中也者,天下之大本也;和也者,天下之达道也。致中和,天地位焉,万物育焉。"成中英认为:"中就是一个人的善性,亦即一个人在没有行为之前,没有任何经验感受之前的平衡和谐的境界。中是对人性本身为善的认识,也就是说对人性所包含的明德、良知的认识。中既是喜怒哀乐之未发,中也就是性,也就是可以变为情、变为思的人性。这种性可以说是充满了创造性,可以依时、依事、依地、依各种不同情况而发挥;换言之,中具有机动的灵活性,因不同的感,而产生不同的应。因此,中的状态可以说是人心的状态、人性的状态。"[1]凡人都是有感情的,种种不同的情感如喜与怒、哀与乐等等,它们是互相矛盾但同时又是相互依存的。显然,没有喜也就无所谓怒,没有哀也就无所谓乐。这种既矛盾而又相互依存的情感在人的内心处于调和的状态,就是"中"。而"中节"就是合乎"度",合乎"度"就是达到了"和"。"天地位焉,万物育焉",意思就是说,将中和推广扩充至整个宇宙,就可以使

---

[1] 成中英:《合内外之道——儒家哲学论》,中国社会科学出版社2001年版,第126页。

天地万物各得其所，各得其所可以孕育与生发万物。《中庸》思想的重心还在于"致中和"。《中庸》指出，只有圣人才能"从容中道"，一般人则不是失之太过，就是失之不及。"发而皆中节"的"度"是极其难以掌握的，《中庸》作者认为，要像舜一样的"大智"才能真正把握"中道"。

朱熹在《中庸章句》里解释说："盖凡物皆有两端，如小大厚薄之类，于善之中又执其两端，而量度以取中，然后用之，则其择之审而行之至矣。"可见，中庸之道所强调的调和，特别强调"量度以取中"，而不是毫无原则的折中主义。同时，《中庸》又主张"时中"："君子之中庸也，君子而时中。""时中"强调权变。这种执中权变的思想与孔孟是一脉相承的。怎样才能体现中庸之道以达到"和"呢？《中庸》认为必须通过"修身"，并提出了"尊德性而道问学"的修养原则。"尊德性"，即发扬人的内在本性，进而达到对外部世界的体认；"道问学"，指的是通过向外求知，以达到人的内在本性的发扬。因此《中庸》又把能否体验中庸之道，作为区别君子与小人的一个标准："君子中庸，小人反中庸。"

所以，和在此也体现了"极高明而道中庸"的内在意蕴。

3.《易传》：保合太和

《易传》又称《易大传》，是解释《易经》之作，共十篇，所以又称"十翼"。传统的说法，认为《易传》系孔子所作。有学者指出："《周易》哲学的最重要的特色是在纷繁复杂的矛盾对立状态中,去追求一种平衡和谐的立足点。然而,这种平衡或和谐不可能是绝对的、稳固的、永恒的。而对平衡和谐的追求或把握也绝不可能是一蹴而就、一劳永逸。因此,《易》学思维是'动态'的思维,《易》学思维的第一准则——于对立矛盾中追寻、把握、调整事物的平衡与和谐——也就成了人类生活中不可或缺的思维准则。"[1]

《易传》哲学思想是通过对《易经》的卦象图式的解释来表述的。《易传》探究了宇宙万物生成的本原及其变化规律,来论述天道的同时又赋予其人道的意义,体现了天道与人道的统一。《庄子·天下》篇所概括的《易传》的特征是:"《易》以道阴阳。"这个概括应该说是准确的。"易"的意思是"变化"与"变易",所以西方一些国家的学者在翻译和引用《周易》的时候,有时直接就把它翻译成"言变之书"。而其谈变化则是从阴阳的变化谈起。前文当中我们也谈到过,这种阴阳观念起源于我们的先民对于万物生长变化的原始体悟。《易传·系辞上》说:"生生之谓易。"是说天道不息,天道或者说天地之道就是一个生生不息的过程。而且以"生生不息"来描述天道,是《易传》的思想重心所在。

《易传》把天地比作两个生殖器,天地交感而生成万物,所以《咸卦·彖传》说:"天地感而万物化生。"《归妹卦·彖传》说:"天地不交而万物不兴。"《易传》以天为阳,以地为阴。以男为

---

[1] 张善文:《对立与和谐》,《儒学与世界和平及社会和谐》,首都师范大学出版社1999年版,第433页。

阳，以女为阴。然后是"天地氤氲""男女构精"，即阴阳交融，从而化生了天地万物。也正是这一阴一阳构成了"变"。所谓"阖户谓之坤，辟户谓之乾，一阖一辟谓之变"（《易传·系辞下》）。"阖"是阴，"辟"是阳。又刚是"阳"，"柔"是阴，"刚柔相推，变在其中矣"（《易传·系辞上》）。《易传》所阐发的"一阴一阳之谓道"的思想，是对西周以来阴阳理论的一种继承和发展，而且开始把这种阴阳学说上升到本体论的高度来认识。如果说在天地交感而化生万物的层次上，以天为阳、为刚、为健，以地为阴、为柔、为顺，两种性质相反的力量的交互作用直接促进了万物的化生，那么，再将天地分开来看，则无论是天是地，每一方都同样具有性质相反的力量，如天之于阴阳，地之于刚柔，因此也同样具有生成万物的功能。在《易传》中，往往是把天地的这种化生万物之德，或称"仁"，或称"心"，那么，无论天地，都成了一种"道德意义上的存在"。也正因为如此，《易传》沟通了天道与人道。人本天地而生，而天地具备了生物之德、之仁、之心，那么，人自然就会禀承天地之德、之仁、之心。其逻辑的结果必然是天人合一。人之性也不过是天地之性的内在体现而已。《易传》之功，实质上是在于它解决了人性何以为善的问题，并指明了人之性善实乃根源于天道的真谛。所以，人必须积极地去适应天道的流行变化，《易传·乾卦·文言》所说的"大人者与天地合其德"，意思就是说，"大人"是自觉地与天地之德打成一片的。反过来说，也只有与天地之德打成一片，也才可称其为"大人"。

天道流行与人道顺畅，正是《易传》所追求的最为理想的和谐境界——"太和"。

乾道的变化产生了万物并使万物各得其性命之正，同时万物又能"各正性命"，这样就实现了"保合太和"，而永远吉利和合于正道了。因此，"保合太和"与"各正性命"又是相依相连的，只有"各正性命"才能"保合太和"；也只有"保合太和"，才使"各正性命"得以完成，二者是辩证的统一。

不止如此，天道落实到人道上，还向人们展示了一些最基本的价值准则。《乾卦·象辞》："天行健，君子以自强不息。"天道刚健，君子用心体会，可树立起自强不息的人生观；《坤卦·象》："地势坤，君子以厚德载物。"地性柔顺，君子效法，可养容载万物之心。"山下有雷，颐。君子以慎言语。"（《易传·颐卦·象辞》）"山下出泉，蒙。君子以果行育德。"（《易传·蒙卦·象辞》）"天地养万物，圣人养贤以及万民。"（《易传·颐卦·象辞》）"山上有火，旅。君子以明慎用刑，而不留狱。"（《易传·旅卦·象辞》）此类论述于《易传》中俯拾皆是，都为了说明一个道理：人效法于天，便会"自天佑之，吉无不利"。

从某种意义上也可以说，《易传》之反复强调的是宇宙间秩序的和谐有序。如《易传·系辞下》认为：是三才的有机统一，保证了宇宙秩序的和谐。"三才"指的是天道、地道、人道。而且这种有机的和谐与统一，在宇宙产生之时就已经蕴涵着了。《易传》作者不失时机地将宗法伦理与宇宙的生成过程联系起来。要保持社会的和谐与稳定，就必须遵循这种宇宙法则，天地之道本身就存有尊卑、贵贱之别。这是所谓的"天地之大义"。可以明确地说，《易传》所强调的"太和"，是为强调这种尊卑秩序服务的。刚柔的关系，既象征着阴阳，也象征着天地，还象征着君臣、父子、夫妇的关系。刚柔相济才能保持和谐。所以说，《易传》完整地体现了儒家哲学中的宇宙学、生态学与伦理学的三位一体论。

《易传》指出，"和"应该是动态的。因为任何事物都不可能是永远停留在一种状态上的。也就是说，一成不变的"泰"与一成不变的"否"都是不存在的。《易传》以天地"生生之德"为人间万事万物的生存准则，能否因时而变，往往会关系到个人的成败安危。所以《随卦·象传》说："随时之义大矣。"《系辞下》也说："易，穷则变，变则通，通则久。"《易传》的因时变化的思想，在法国生命哲学的主要代表人物柏格森的学说体系中，可以找到最好的诠释。柏格森认为"存在就是变易""实体就是持续不断的发展，永无止境的创造"，因而使生命的存在与发展就像"一道奔流不息、变化无穷的长流"。[1]《易》之最后一卦为"未济"，《象传》说："物不可穷也，故受之以未济。""济"是"成"的意思。"未济"表示事物的变化是永无穷尽的。

---

[1] 柏格森著，王丽珍、余习广译：《创造进化论》，湖南人民出版社1989年版，第27页、第188页、第10页。

第四章
和：纷争割据时代的众生祈盼（下）

先秦时期，面对天下失和的混乱局面，各个不同的学派，分别代表不同的阶级和阶层，提出了解决社会问题的方案。在上一章里，我们主要介绍了儒家有关和的思想。本章将对其他诸子论和予以介绍。

一、道家思想与和

道家是先秦诸子"百家争鸣"中的一个重要学派，《汉书·艺文志》认为，道家学派"盖出于史官，历记成败存亡祸福古今之道，然后知秉要执本，清虚以自守，卑弱以自持"。老子以"道"为最高境界，从伦理道德的角度而论，老子道家所追求的是一种超伦理、超道德的自然之性。这一点与儒家正相反，因此也决定了道家和谐思想的特异独立之处。老子的和谐思想是一个以"道"为其哲学根据，以"法道"为核心而展开的内涵丰富的理论体系。战国时期的庄子，继承和发展了老子的思想，而着重从人生哲学方面发展了老子的和谐思想。

1. 老子：知和曰常

"塞翁失马，焉知非福"是在中国流传甚久的一则成语故事，见于《淮南子·人间训》。它是为阐述老子"祸兮福之所倚，福兮祸之所伏"的祸福倚伏观服务的。故事的内容是这样的：靠近边塞的地方，住着一位老翁。老翁精通术数，善于算卜过去未来。有一次，老翁家的一匹马无缘无故（大概是雌马发情吧）挣脱羁绊，跑入胡人居住的地方去了。邻居都来安慰他，他心中有数，平静地说："这件事难道不是福吗？"几个月后，那匹丢失的马突然又跑回家来了，还领着一匹胡人的骏马一起回来。邻居们得知，都前来向他家表示祝贺。老翁无动于衷，坦然道："这样的事，难道不是祸吗？"老翁家畜养了许多良马，他的儿子生性好武，喜欢骑术。有一天，他儿子骑着烈马到野外练习骑射，烈马脱缰，把他儿子重重地甩了个仰面朝天，摔断了大腿，他儿子成了终身残疾。邻居们听说后，纷纷前来慰问。老翁不动声色，淡然道："这件事难道不是福吗？"又过了一年，胡人侵犯边境，大举入塞。四乡八邻的精壮男子都被征召入伍，拿起武器去参战，死伤不可胜计。靠近边塞的居民，十室九空，在战争中丧生。唯独老翁的儿子因跛脚残疾，没有去打仗，因而父子得以保全性命，安度残年余生。所以福可以转化为祸，祸也可变化成福，这种变化深不可测，谁也难以预料。老子的辩证思想，是保证人们心灵和谐以及社会和谐的理论基础。

谈论老子的任何思想学说，都不得不从其"道"论谈起。有关统计表明，"道"在《老子》当中凡七十四见。《老子》开宗明义提出："道，可道，非常道；名，可名，非常名。无名，天地之始；有名，万物之母。"老子赋予"道"以"可以为天下母"的意义，那么"道"就是宇宙的绝对本体，是万物存在的依据。《老子》以这个"法自然"的"道"为宇宙万物的本原，并且以其独特的思维方式，体现了本体论、道德论、方法论的有机统一。老子所提出的"无名论"，并不是要取消名言概念，或者不要逻辑，而是看到了概念在其自然本性上都具有隔离性、僵硬性、局限性的特点，或者说，老子看到了人们把握事物的本质比把握事物的表现困难得多。老子提出"无名论"正是为了防止把概念及符号看成实在。这就是说，"无名论"还是建立在这样的体验上：人只是广袤无垠的宇宙万象中之一体，是有限的，不应该被视为万物的主宰者，更不应该被视为宇宙万象秩序的赋予者。同时，老子又把"道"具体落实到了人间万事万物中来，并进一步成为人们的行为准则。

在论述天地万物的生成过程时，老子指出："道生一，一生二，二生三，三生万物。万物负阴而抱阳，冲气以为和。"（《老子》第四十二章）这里的"道"所生出的"一"，即是"太一"，指的是宇宙的混沌状态；"一生二"是指混沌世界分化为天与地，也指阴、阳两极；"二生三"之"三"指的是阴、阳、和。然后"三生万物"，"冲气"即中和之气。因之，在老子看来，"和"也是天下各种事物得以生成的必不可少的重要契机与条件。这样，道家之和则属于本体论意义上的"和"。《老子》第三十二章中指出："天地相合，以降甘露。"也表现了《老子》的阴阳和合生物的思想。在"道"的原理下，老子以和与阴、阳一道作为天地万物化生的根源与主宰。这种本体意义上的论述，对包括儒家在内的其他学派的和谐理论产生了重大影响，往往成为其他学派和谐理论的哲学基础。《老子》第五十五章说："知和曰常。"意思是说和谐是万事万物的"常规"状态，宇宙万事万物都必须遵循和谐的原则。但同时老子也注意到了世界是运动和变化的这一基本事实，所以非常关注事物对立面的斗争与统一、对立与和谐。换句话说，老子已经认识到了宇宙间事物的平衡，应是一种动态的和谐。

老子提出了"反者道之动"（《老子》第四十章）这样一种事物发展变化的总原则。因此，在老子的和谐理论体系中，蕴涵了丰富的辩证法思想。《老子》一书，短短五千言，包含了大量的矛盾范畴，诸如：大小、多少、高下、有无、动静、轻重、盈虚、厚薄、寒热、静躁、雌雄、正反、智愚、兴废、刚柔、善恶、治乱、强弱、吉凶、是非、贫富、荣辱、胜败、公私、贵贱、损益等等，不一而足。这说明老子已经认识到世界上的任何事物都存在既相互对立又相互依存着的两个方面。老子认为"天道"本身具有这种调控与维持平衡和谐的功能。老子说："天之道，其犹张弓欤？高者抑之，下者举之；有余者损之，不足者补之。"（《老子》第七十七章）在此，老子用了一个形象的比喻，意思是说，宇宙万物的规律，就像拉开的弓射箭一样，箭头高了就压低一点，箭头低了就抬高一点；弓弦拉得太满，则力量多余，就要减一点力，免得弦拉断了；弓弦拉不开，则力量不足，就要补一点力，把弓拉满，免得箭射不出去。"反者道之动"尤其关注的是极端局面出现而发展到"物极必反"的境地。老子还有一句为世人所熟知的经典名言："祸兮，福之所倚；福兮，祸之所伏。"（《老子》第五十八章）祸福是相互依存而又相互包含的，在一定的条件下，二者又是可以相互转化的。正如"塞翁失马"就是最生动的例子。任何事物都是一样的，极端过后必然是走向相反的方向。老子因此还提出了关注这种变化的过程的主张。因为事物向其对立面的转化，要经过一个由小到大、由近及远、由易而难、由弱变强的逐渐发展的过程。

　　老子追求的固然是一种动态的和谐与平衡，但这种和谐往往是在一个循环往复的状态里得以实现的。最高的和谐境界就是"道"，"道"产生天地万物并回收天地万物，是万事万物的最终归属。徐复观曾指出，"老子所追求的'致虚极，守静笃'而来的还纯反朴的人生""也未尝不可以解释为本质地、根源地美，因为在此一境界内，才有彻底的谐和统一"。[1] 老子所追求的理想人格，是与"道"相和合的"圣人"人格，这种人格表现出"玄同"的精神境界，犹如婴儿状态。"百姓皆注其耳目，圣人皆孩之。"

---

[1] 徐复观：《中国艺术精神》，春风文艺出版社1987年版，第50页。

(《老子》第四十九章）在老子看来，婴孩的那种元气醇和、率性而为，是人生的最理想的状态。婴儿的这种混沌状态，是精神与肉体之和谐的最完美的体现。那么，成人的世界，已经失却了这一切，还必须通过修身将其培养起来。在老子看来，人只有做到"消除个我的固蔽，化除一切的封闭隔阂，超越于世俗偏狭的人伦关系局限，以开阔的心胸无所偏的心境去看待一切人物"[1]。造成社会混乱的根源在于人尤其是当政者的过分"有为"。老子说："圣人之道，为而不争。"（《老子》第八十一章）老子还以江海为喻来说明这个道理："江海所以能为百谷王者，以其善下之，故能为百谷王。"（《老子》第六十六章）圣人应当是"为而不有"与"为二不争"。只有"为无为"，才能"无不治"。（《老子》第三章）《老子》以"道"为最高本体，其思想体现了本体论与道德论的统一。认为人应当取法自然，无为才能无不为，使天下不因强制而自正，这便是因任"自然"的和谐政治方案，并认为这是从根本上解决社会矛盾的最佳方案。所以，老子认为儒家所提倡的礼乐教化是违背人的本性的，所以老子社会批判思想的矛头直接指向了儒家的礼治与名教。在老子看来，正是这种过于"有为"才造成了"天下无道"的局面。统治者应不言教令，尽量不以声教法令去干扰人民的平静和谐的生活。自化、自正、自富、自朴都属于"自然"状态，而这些自然状态的实现，却是以人君的无为、好静、

---

[1] 陈鼓应：《老子注译及评介》，中华书局1984年版，第283页。

无事、无欲为前提的。在经济利益的分配上，老子认为只有"莫之令而自均"才是符合自然之道的。社会上不应该有不公的现象存在，老子认为"人之道"的剥削不足者来奉养有余者，是不公平的，是引起社会混乱的根源所在。所以，人道应效法天道，以有余补不足，从而消除社会上存在的贫富不均的现象，在利益的分配上，实现公正和谐。

在政治运作方面，老子认为实施政治的目的之一，就是不诱导人民的欲望的发生，使其处在一种无知无欲的状态。

过去研究老子思想者，多以为老子提倡愚民政策，有轻视人民之嫌，事实不然。他所说的"愚"，是与"道"相贴合的那种返璞归真的状态。所以，老子反对现实社会由私有、剥削而造成的社会的动乱纷争以及由战争而造成的生灵涂炭。但是，老子只是以独特的思想视角来告诫统治者，应全力追寻曾有的和谐世界，一旦社会失和，人民怨声载道，将是难以补救的。安逸、祥和的"小国寡民"理想社会，实际上是老子对社会安定的迫切愿望之表达。

可见，"法自然"的"和"，是老子追求的最高的和谐境界。

2. 庄子：和以天倪

庄子是先秦时期继老子之后道家学派的重要代表人物。庄子的基本思想主张即"和以天倪"，意思即人的一切思想和行为，均应合于自然之分，应顺应自然、尊重自然。

庄子妻子死，朋友纷纷前来看望吊唁，却见庄子在一边拍打着瓦盆，还一边和着节拍唱歌。朋友谴责他说："妻子去世，你不仅不悲伤，还唱歌，真是太过分了！"庄子说："我并非无悲伤之情。但人的生老病死，是合乎自然规律的事情。我妻子现在就回归了，我为什么要哭呢？"妻子之死，在庄子看来是自然分内事。于此，我们可以理解庄子所有关于和的认识了。

庄子在道家学派中的位置，"犹孔之有孟"。庄子继承了老子的以"道"为宇宙本体的本体论学说，发扬了老子的社会批判精神，并着重在人生理想方面阐发了老子的"自然无为"的人格理想与人生态度。在先秦诸子百家争鸣中，庄子更是一马当先，捍卫了道家的地位。正如郭沫若所说："道家本身如没有庄子的出现，可能是已经归于消灭。然而就因为有他的出现，他从稷下三派吸收他们的精华，而维系了老聃的正统，从此便与儒墨两家鼎足而三了。"[1]庄子关于和的思想与老子也是一脉相承并有所发展的。

庄子对于老子"道"的思想发展得更为彻底，也是因为他在人间现世看到了太多的无法解决的人生悖论。庄子的内心是痛苦的，因而对于人生的关怀在很大程度上成了庄子思想体系的主题，而其和的思想，也主要是在他对人生的终极关怀中体现出来的。在庄子的学说体系中，"道"既是万物的本根，同时又存在于万物之中，所谓"行于万物者，道也"（《庄子·天地》）。"道"无所不在，它甚至蕴藏于蝼蚁、屎尿等极其低贱的事物之中。换句话说，

---

[1] 郭沫若：《十批判书·庄子的批判》，科学出版社1956年版，第198页。

"道"是自由的。

庄子借尧舜之口说明天地之和才是"大美"的道理。庄子又强调"独与天地精神往来"(《庄子·天下》)。在庄子看来，人本来就是与天地自然合为一体的。这是不以人的意志为转移的。不管你是否喜欢，不管你如何认识，天与人总是合一的。只有那种"与天为徒"、超越"天人相胜"的人，才达到了天人合一的境界，才能叫"真人"。《天道》篇也指出："夫明白于天地之德者，此之谓大本大宗，与天和者也；所以均调天下，与人和者也。与人和者，谓之人乐，与天和者，谓之天乐。"而"道"之和谐存在于万物之中，"莫见其形""莫见其功""莫知其所穷"，在庄子看来，这是最高的和谐，也是天地间之"至美至乐"。庄子认为，能否达到这种最高的和谐境界，还与个体的修养有关。人的修养的要点就是"和之以天倪"(《庄子·齐物论》)，"天倪"是指天道自然规律。庄子认为，人应当放弃自我，驱除好恶情感，因为人在天地之间是那么渺小，所以应当因循天道自然。《庄子·达生》篇记载：列子问关尹说，"道德修养臻于完善的至人潜行水中却不会感到阻塞，跳入火中却不会感到灼热，行走于万物之上也不会感到恐惧。请问为什么会达到这样的境界？"关尹回答说："这是因为持守住纯和之气，并不是智巧、果敢所能做到的。坐下，我告诉你。大凡具有面貌、形象、声音、颜色的东西，都是物体。那么物与物之间又为什么差异很大，区别甚多？又是什么东西最有能耐足以居于他物之先的地位？这都只不过是有形状和颜色罢了。

大凡一个有形之物却不显露形色而留足于无所变化之中,懂得这个道理而且深明内中的奥秘,他物又怎么能控制或阻遏住他呢?那样的人处在本能所为的限度内,藏身于无端无绪的混沌中,游乐于万物或灭或生的变化环境里,本性专一不二,元气保全涵养,德行相融相合,从而使自身与自然相通。像这样,他的禀性持守保全,他的精神没有亏损,外物又能够从什么地方侵入呢?醉酒的人坠落车下,虽然满身是伤却没有死去。骨骼关节跟旁人一样而受到的伤害却跟别人不同,因为他的神思高度集中,坐在车子上也没有感觉,即使坠落地上也不知道,死、生、惊、惧全都不能进入他的思想中,所以遭遇外物的伤害却全没有惧怕之感。那个人从醉酒中获得保全完整的心态尚且能够如此忘却外物,何况从自然之道中忘却外物而保全完整的心态呢?圣人藏身于自然,所以没有什么能够伤害他。复仇的人并不会去折断曾经伤害过他的宝剑,即使常存忌恨之心的人也不会怨恨那偶然飘来、无心地伤害到他的瓦片,这样才能实现普天之下的平和、安宁、公道。没有攻城野战的祸乱,没有残杀戮割的刑罚,全因为遵循了这个道理。不要开启人为的思想与智巧,而要开发自然的真性。开发了自然的真性则随遇而安,获得生存;开启人为的思想与智巧,就会处处使生命受到残害。不厌恶自然的禀赋,也不忽视人为的才智,人们也就几近纯真无伪了!"

庄子的理想人格之化身的所谓的"真人""至人""神人",实质上可以说是把宇宙本体的诸多特性,已经完全地附丽在人的身上了,这种人在人间现世是难以寻觅的。他们"乘云气,骑日月,而游乎四海之外,死生无变于己"(《庄子·齐物论》),"……与造物者为人,而游乎天地之一气"(《庄子·大宗师》),甚至"同与禽兽居,族与万物并"(《庄子·马蹄》),哪里还有丝毫常人之特征?倒是与宇宙本体之特性完全融合了!

庄子认为"心莫若和""和不欲出"(《庄子·人间世》)。因为在庄子看来,"心"是"知"之所从出,因而也是人格失和甚至是天下大乱的根源。在如何安置"心"的问题上,他强调一个"游"字,即主张"游心",也指精神的彻底自由解放,《庄子》书中称其为"逍遥游"。"游心"是庄子所追求的人的精神的"大和"状态,要能够"齐生死""齐万物""等是非",心境纯正如一,就像初生的婴儿。人应当剔除杂念,一心体道,"虚静"是其基本的心理前提。李泽厚指出:庄子"对整体人生采取审美观照态度,不计利害、是非、功过,忘乎物我、主客、人己,从而让自我与整个宇宙合为一体"[1]。这种概括是准确的,也可以说是庄子人生理想论指向"大和"的根源所在。

二、墨家思想与和

墨家是先秦时期的"显学"之一,墨子在先秦时期的地位和

---

[1] 李泽厚:《中国古代思想史论》,人民出版社1986年版,第190页。

声望仅次于孔子。墨子曾经"学儒者之业，受孔子之术"。后因"道不同"而创立墨家学派。墨家有十大"教义"，包括：兼爱、非攻、尚贤、尚同、非命、非乐、节用、节葬、天志、明鬼，其中"兼相爱，交相利"是墨家学说的统领与核心。应该说，在墨学中，专门谈论"和"的言论并不多，但其和谐思想也是比较丰富的。据不完全统计，"和"在《墨子》书中共出现三十一次，"和合"出现四次，主要表现在以"兼"释"和"以及由"天志"学说所推导出的人神之和。墨家学说的特点是以"兼"释"和"。

墨家不认可儒家所提倡的仁爱，因为这种"爱"是以血缘宗法关系为出发点的有"差等"的爱。墨子的"兼爱"学说是在与儒家的争鸣中阐发出来的。墨子不满于当时社会的极端失和状态，他认为之所以会出现以强凌弱、以众劫寡、以贵傲贱等现象，都是由于人与人之间的不相爱造成的。墨子说："当察乱何自起？起不相爱。"因此主张"兼以易别"（《墨子·兼爱上》），墨子认为这是他所寻到的最好的解决天下弊病的良药。墨子所提出的"兼相爱，交相利"的主张，从其价值内涵上看，体现了爱与利的统一、情感与理智的和谐与交融。墨子主张国与国、家与家、人与人之间都彼此相爱。爱与利在墨子的学说中是一个辩证统一的和谐的整体，二者不可分开。也正是因为爱与利有着这样的交融和谐的关系，墨子反复向世人阐明一个道理：人与人之间的爱是相互的，爱的权利与义务是相互的、对等的。墨子说："爱人者，人必从而爱之；利人者，人必从而利之；恶人者，人必从而恶之;害人者,人必从而害之。"(《墨子·兼爱中》)这就是墨子所谓的"投我以桃,报之以李"(《墨子·兼爱下》)的互爱原则。

在《墨子》中,还把"兼"作为一种社会道德加以阐发。墨子以仁、以义释"兼",那么,兼和仁、义一样,都是爱人利人的德行。墨子将古代的贤君如禹、汤、文、武等,都称之为"兼君",认为这些人们理想中的帝王,都是爱民利民的典范,他们给天下带来的是"大利",这可以说是墨子的理想在政治上的体现。在这里,墨子是以"兼"释"和",把和合看成是解决社会矛盾与冲突的根本原则。墨子说:"离散不能相和合。"(《墨子·尚同上》)使社会和谐、人民安乐,要靠"兼相爱,交相利"来实现。

同时,墨子还把"和"上升为"天志"。"为了诱导人们实行兼爱,所以墨子在上述的道理之外,又引进了许多宗教的、政治的制裁。"[1]墨子所借到的这个高高在上的"绝对权威"就是"天志"。墨子认为"天"具有广泛性、公正性、持久性等特点,所以,人必须顺从天意。顺从天意,就会得到上天的奖赏;反之,则会受到惩罚。墨子从推行"兼爱"的角度,以这样一种方式推导出了天人和谐的思想,的确很具特色,其最终目的是为了实现"刑政治,万民和,国家富,财用足,百姓皆得暖衣饱食,便宁无忧"(《墨子·天志中》)的美好社会理想。

---

[1] 冯友兰:《中国哲学简史》,北京大学出版社1996年版,第50页。

三、《管子》思想与和

《管子》一书的作者与成书年代向有歧义,我们在此不拟加以讨论。我们采信这样一种观点:"《管子》一书是战国时代齐国推崇管仲的学者的著作汇编,其中可能有管仲遗说的记述,但大部分是依托管仲的名义而编写的。多年以来有许多学者认为《管子》一书是战国时许多学派的著作汇辑,其中有法家言,有道家言,有儒家言,有阴阳家言,并无中心思想,不成系统。这种观点有一定理由,但只是肤浅之见。《管子》各篇,确有相互违异之处,但是也有一些重要观点贯穿全书。这贯穿全书的中心观念就是兼重德礼与法治,把法治与德礼统一起来。"[1] 据不完全统计,"和"在《管子》书中共出现九十二次,"和合"出现了三次,《管子》分别从形而上、形而下的角度,对"和"范畴加以论述和阐发。

首先,《管子》一书中表达了这样的观点,即包括天在内的整个自然界,是有其自身的发展与变化的规律的,这种规律决定了自然界的运动变化是不以人的意志为转移的,它不受任何其他因素的影响。人也是天地和合的产物。"和则生,不和不生。"(《管子·内业》)。《管子》得出"人与天调"的结论,颇似于老子。《管子》所讲的"人与天调"的思想,就是主张人应该主动地去

---

[1] 张岱年:《〈管子〉学说的理论价值》,《齐文化纵论》,华龄出版社1993年版,第1页。

适应自然，与自然协调一致而共生发展。那么，天（自然）与人之间各司其职，则应该首先搞明确。天、地、人都是按一定的原则存在并发挥其作用，这样就保持了人与自然的和谐关系。但人为了实现与自然的和谐，并不是毫无作为，人应该探索、掌握自然，让自然为人类造福。《管子》所提出的"万物均，百姓平"的观点，是更进一步强调人应该尊重自然生态平衡的道理。"天行其所行而万物被其所利"（《管子·白心》）。"天行其常"为万物的生长发展提供了必要的物质条件，只有"因而理之"（《管子·轻重乙》），保持这种平衡与和谐，人类的生存才会有基本的保障。

同先秦时期的其他思想家一样，管子思想体系的阐发，也建基于他对人性的认识。《管子》把趋利避害看成是人的一种本然之性，把人与人之间的关系，首先视为一种利害关系，这是《管子》思想中的法家成分。所以，《管子》更看重的是人的社会性。于是乎就有一系列的人际关系之准则的制定和产生，使人的自然欲求受到社会规范的限制。《管子》主张以法治国，但并不排斥礼义等道德规范。把"礼义廉耻"作为国之"四维"，这也是《管子》思想的一大特色。《管子》中，法制与道德规范实现了良好的结合。一方面以法治"逆民性"（《管子·侈靡》），另一方面，又以礼义等来提高人们的道德水准，从而建立起和谐的人际关系，从而实现"和协辑睦"（《管子·五辅》）。《管子》中称"法"的出现是属于"不得不然"，多少有一点无奈的意味，因而一再强调礼义之于增加社会凝聚力的作用。换句话说，如何能够争取民心之"和"，则是《管子》一书最为关注的问题。正如《管子·白心》中所言，"和以反中，行性相葆""和则能久"。

《管子》中有一句在中国社会流传千古的至理名言："仓廪实则知礼节，衣食足则知荣辱。"(《管子·牧民》) 所以，《管子》中有"四民分业"的独特的教化方式。"四业"指的是士、农、工、商几种职业。《管子》提倡"四民分业"而居，就是要求将士、农、工、商等不同的职业按其特长划分为固定的居住范围。"处士就闲燕，处工就官府，处商就市井，处农就田野"，而"不可杂处"。其职分也是非常明确的：士，"父与父言义，子与子言孝，其事君者言敬，其幼者言孝悌"；农，"尽其四肢之力，以疾从事于田野"；工，"相良材，审其四时，辨其功苦，权节其用，论比，计制，断器，尚完利"；商，"察其四时而监其乡之货，以知市之贾——以其所有，易其所无"。在《管子》看来，通过这种"四民分业"而居的管理体制，一方面能够使同业间相聚在一起，有利于形成一种良好的职业氛围，更主要的是可以促进相互间的道德教化，对于形成良好的社会风气有一定的益处，使人们"少而习焉，其心安焉，不见异物而迁焉"(《管子·小匡》)。这也是社会稳定与和谐的重要保证。这一点也是《管子》道德教化主张的独具特色的一面。

物质生活的满足与道德教化的同举并重，是《管子》一书所体现的"和"的特点。"上下有义，贵贱有分，长幼有等，贫富有度"(《管子·五辅》)，这样，社会就会"乱不生而患不作"，群体的凝聚力自然而然就形成了，也就是"民和"(《管子·兵法》)。

四、《吕氏春秋》与和

吕不韦是中国历史上一位颇具传奇色彩的人物。他原本是一位"家累千金"的卫国大商人，但他并不满足于一般的商业行为。《战国策》中记载了吕不韦与他父亲的一段对话。儿子："种田能获利几倍？"父亲："十倍左右吧。"儿子："经商能获利几倍？"父亲："一百倍左右吧。"儿子："如果去当官从政，拥立国君呢？"父亲："那获利就太多，无法估量了。"吕不韦开始寻找机会。在赵国邯郸经商时，吕不韦结识了在赵作人质的秦公子异人（后改名子楚），认为得到此人是"奇货可居"。吕不韦决定帮助异人返回秦国，又将赵姬送给异人，资助他千金，将他接返秦国。吕不韦以五百金购珍宝献与华阳夫人，华阳夫人劝安国君立子楚为嫡嗣。他的政治生涯这样就开始了。《吕氏春秋》也是与秦国政治紧密相关的一部著作。

《吕氏春秋》，"秦相吕不韦辑，智略士作"（《汉书·艺文志》），成书于战国末年、秦统一天下已成定局的社会历史条件下，是吕不韦为即将实现统一的秦国制定的一部治国纲领。在《汉书·艺文志》中被列为"杂家"类，并概括杂家特点为"兼儒墨，合名法"。长期以来，人们对于"杂家"称谓的认识一直是有成见的。这种成见源于对"杂家"之"杂"的误解。或认为"杂"就是杂乱无章、杂糅诸学；或认为"杂"就是一个庞杂的体系。那么，要弄清楚这个问题，首先必须搞清楚"杂"的准确含义。《说文》："杂，五彩相合也。"段注："与黻字义略同，所谓五采彰施于五色作服也。引申为凡参错之称。亦借为聚集字。"追根求源，"聚集"应是"杂家"之"杂"的本来意义所在。因此，应当纠正长期以来人们对于杂家的轻视以及对于《吕氏春秋》的误解。

据《史记》记载，吕氏门下所豢养的食客竟至三千，可谓众士济济！但这些所谓的食客，他们不可能是纯儒、纯道、纯墨、纯法、纯阴阳家的人物。吕不韦本人是一个靠政治投机成功而在秦国拥有仲父之亲与相位之尊的人，是当时秦国一时无两的权贵大臣，他本身是没有什么学派基础和学术偏见的，因而才有可能形成像《吕氏春秋》这样一部兼容并包了先秦诸子思想的著作。而"杂家"之称，便是对这种兼容并包特点的最恰当的概括，意味着先秦诸子思想在《吕氏春秋》一书中来了一个大聚合。所以说，《汉书·艺文志》将《吕氏春秋》列入"杂家"，客观地概括了该书的特征，并不含有褒贬的意思，反而是准确概括了《吕氏春秋》综合诸子之学却没有完全消化为一个完整的体系，甚至存在各种对立观点并存这样一个特点。

众所周知，自商鞅辅佐秦孝公变法以来，法家理论便成为秦国传统的政治思想，历经六世，都是执行的这一路线，尚法轻贤与注重强力是其突出特征。我们说吕不韦是一个有远见的政治思想家，是因为他能够在一个有着深厚的法家思想底蕴的国家，开始认识到"一任于法"是不利于国家的长治久安的；而且在制定施政纲领时，也没有一如法家那样，而是实行了兼采各家之长的策略。当然对于各家之长，也没有"统统拿来"，是"有一定的权衡，有严正的去取"[1]。该书是一部以儒家思想为主体的"杂家"著作。

《吕氏春秋》是先秦诸子思想的总结之作。尽管吕不韦是靠政治投机而登上秦国的政治舞台的，但这并不妨碍我们视吕不韦为一位不可多得的有政治远见的政治思想家。他能够站在时代的高度，指出异说纷纭而各行其是是不利于社会秩序的安定的，主张要使国治，就必须"执一""不二"，而其要则在于"齐万不同"。《吕氏春秋》对诸子之学是平等看待的，但"听群众人议以治国"必然导致国家的危亡，因而试图来完成这一统一思想的历史使命。由于比较清醒地把握了诸子之学的特点，所以《吕氏春秋》中承认真理不可能为哪家所独有。《用众》篇指出："物固莫不有长，莫不有短，人亦然。故善学者假人之长，以补其短，故假人者遂有天下。"也正如中国人常说的一句话：寸有所长，尺有所短。只有善于取长补短者，才能常胜于天下。

先秦诸子之学的发展也说明这一点。无可否认，诸子之学从

---

[1] 郭沫若：《十批判书·吕不韦与秦王政的批判》，科学出版社1956年版，第401页。

产生之日起，就是各有所偏的。如儒家重视伦理道德，提倡德治，政治伦理学说比较完备，但对于作为强制手段的法的重视显得不足；道家提出了以"道"为宇宙最高本体的本体论学说，这在诸子之中是最为完备的，但道家的政治伦理学说与现实的政治需要不合拍；法家重"法"，但又免不了流于严苛；墨家代表着小生产者的利益，以"兼爱"为核心，由于小生产者没有独立的地位，其主张显然是行不通的；阴阳家以阴阳五行学说来说明王朝的更替与兴衰、存亡，与政治的关系只是比较外在的，作为一种治国方略似乎也太单薄了一点。就是说，在当时的社会历史条件下，任何一家之学都不可能、也没有能力，对其他诸子取而代之，同时也不能独立担当起治理大一统之新王朝的任务。而《吕氏春秋》所吸取的正是各家学说中所显示出来的长处，如道家的本体论、儒家的政治伦理学说、墨家的节俭思想、法家的因时变法、阴阳家的王朝更替理论等。《汉书·艺文志》指出："诸子十家，……其言虽殊，辟犹水火，相灭亦相生也。仁之与义，敬之与和，相反而皆相成也。"说明了诸子百家在对立的斗争中，又互相渗透和补充，这是对立统一规律在思想领域里的反映。事实上，到战国中后期，各家学说都不同程度地吸收了别家的思想，开始呈现出"驳杂不纯"的特点。《吕氏春秋》就是一部以儒家思想为主体的"杂"家著作，是先秦诸子思想的最大的综合者。由于种种原因，书中难免有矛盾抵牾之处，但作为完全形式的"杂家"的出现，

《吕氏春秋》毕竟尚处于筚路蓝缕之中,而任何理论学说的形成以至于完备,都还是需要一个过程的。所以,我们的第一个结论就是,《吕氏春秋》仅就成书而言,已经比较好地体现了"和"的原初精神。如果我们换一个思考角度的话,从某种意义上是否可以说,《吕氏春秋》的这种致思路向,与史伯、晏婴的关于"和"的意义的阐发,有着一定程度的吻合呢?"以他平他",把相异的东西有机结合起来;"济其不及,以泄其过",犹如厨师之调和五味。

为什么这样说呢?《吕氏春秋》的成书,从吕不韦所述的著述原委看,与秦王嬴政有直接的关系。这缘由当然不会是像民间传说的那般粗俗和充满桃色。更重要的是,吕不韦在秦国拥有相国之尊与"亚父"之亲,他承担着辅佐年少秦王的使命。因为吕不韦已经注意到了秦王嬴政性格及为人的暴戾,因而试图以黄帝教育颛顼自喻。从这样的历史背景出发,我们就不难理解《吕氏春秋》中的"和"所呈现的特点了。

《吕氏春秋》是"杂"而有章的,是一部以儒家思想为主体的"杂家"著作[1],其中最为关键的因素,就是该书特别重视礼乐教化,与儒家如出一辙。如正名、修身、孝悌、仁政尚贤等等,还有以儒家思想去改造、补充其他诸子思想的情况。且儒家对于音乐的移风易俗的教化作用,在《吕氏春秋》中得到了全面的发挥

---

[1] 参见修建军:《〈吕氏春秋〉是一部以儒家思想为主体的"杂家"著作》,《中国哲学史研究》,1989年第4期。

和发展。

《吕氏春秋》中的"和",与"心"紧密联系在一起。在《吕氏春秋》中,有专门谈论音乐的篇章,如:《制乐》《大乐》《侈音》《适音》《古乐》《音律》《音初》《明理》等等。作者认为音乐与政治、与个人的道德修养,都有着密不可分的关系。《吕氏春秋》把音乐的产生上升到了本体论的高度来认识,认为音乐是"天地之和、阴阳之调"(《吕氏春秋·大乐》)。

"乐之务在于和心"是《吕氏春秋》提出的著名观点。意思为欢乐的关键在于心灵平和与和谐。《吕氏春秋·适音》强调:"心必和平然后乐。心必乐,然后耳、目、鼻、口有以欲之。故乐之务在于和心,和心在于行适。"这是其对先秦时期"乐从和"思想的继承和发展,对荀子从"化性起伪"的角度来论"乐"也是一个超越。在《吕氏春秋》中,主体心境之和谐与"乐"本身之和谐被看成是辩证统一的关系。也就是音适与主体之适的统一。在《吕氏春秋》的作者看来,以适中的心情听适中的声音,就是和谐。音乐各方面都不要过分,平正和谐才合宜。与"适"相对,《吕氏春秋》还提出了"侈乐"的概念。认为"侈乐"是违背人之性情的,产生"侈音"的根本原因是纵欲。人如果"嗜欲无穷",那么,"贪鄙悖乱之心"与"淫佚奸诈之事"都会随之产生。所以,音声本身的和谐也是十分重要的,也是主客体达到和谐一致的必要前提。《吕氏春秋·大乐》指出:"惟得道之人,其可与言乐。"在《吕氏春秋》中设定了这样一个逻辑进程:"天全"—

"神和"——"制欲"——"得道"——"适心"。《本生》篇说:"圣人之制万物也,以全其天也。天全,则神和矣……"《吕氏春秋》中吸收了道家别派杨朱、子华子一派的"贵生""重己"的思想,认为"天全"就是保全生命。这是精神和谐的基本前提,对于人的基本的情欲是给予承认与关注的。《情欲》篇言,"天生人而使有贪有欲","虽神农黄帝,其与桀纣同",但是应"欲有情,情有节",就是制欲。

为了强调音乐在社会以及人的心灵和谐方面的重要意义,《吕氏春秋》把音乐的产生上升到了本体论的高度来认识。《吕氏春秋》的本体论与宇宙生成论,显然是吸收了道家老子的思想。音乐本于太一,也就是本于道。而中国传统哲学的典型特征则是宇宙本体论、认识论与道德论的统一,宇宙的最高本体同时也就是道德的最高准则或基本根源。《吕氏春秋》也体现了这一特征。"和"与"适"既是"道"或"太一"的本然的和谐状态,当然也应该是音乐的最基本的原则。音乐与人的身心和谐以及社会政治状况的和谐,都是紧密相关的。

显然,吕氏并不是为了谈音乐而谈音乐。他更看重的是音乐在人的德性养成以及移风易俗方面的重要作用。《吕氏春秋》谈论音乐与政治稳定、社会和谐方面的作用,可以说基本上是延续了儒家的礼乐教化思想。该书突出强调了音乐的"移风易俗"的重要作用,认为治平之世的音乐也是快乐安详的,乱世的音乐充满抱怨和愤怒,亡国之乐则悲伤而哀痛,说明音乐和政治是息息相关的。所以，最美好的音乐，往往产生于太平盛世。《吕氏春秋·音初》篇也是一篇论述中国古代音乐东西南北诸音调的创始的专文，从音乐的产生到个体的修养直至于国家的安定，进行了详细的论述。指出："凡音者，产乎人心者也。……故君子反道以修德，正德以出乐，和乐以成顺。乐和而民乡方矣。"意思是说，君子以道为根本，进行品德修养，端正品德而后创造音乐，音乐和谐而后通达理义。音乐和谐了，人民就会向往道义了。这与儒家的修己安人之道是一脉相承的。

恰如郭沫若先生所言："吕氏可以算得是一位有数的政治家，不幸遭受迫害，并被埋没了两千多年。"[1] 有的学者根据黑格尔有关"折中主义"的定义，来否定吕不韦在中国伦理思想发展史上的贡献，是有失公允的。

---

1 郭沫若：《十批判书·吕不韦与秦王政的批判》，科学出版社1956年版，第457页。

第五章
统一大势与天人感应的盛行

在先秦诸子中,法家是唯一官学化取得成功的学派。秦朝的统一,无疑是得力于法家思想的正确运用。秦统一后,秦始皇仍然迷信强力,将法家的政治主张及文化思想进行了极端化的发展。而并没有伴随秦朝统一而销迹的儒家人物,却依然保持着春秋战国时期的那种自由议政的传统,这与秦朝的政治构想显然是水火不容的。而且李斯又向秦始皇提出了焚烧儒家书籍的建议,之后又有"坑儒"事件的发生。"焚书坑儒"对儒学所造成的破坏力是巨大的,也正是由于秦朝的残酷的禁儒运动,一方面造成了儒学在秦世的中衰,另一方面也刺激了儒学在汉初的转型。对于汉初的统治政策,汉宣帝曾说:"汉家自有制度,本以霸王道杂之。"(《汉书·宣帝纪》)秦朝速亡,给汉初统治者与思想家留下了反思的资料,对法家思想的"可以行一时之计,而不可长用"(《史记·太史公自序》)已成共识。而且汉兴起于秦朝的废墟之上,面对的是一幅幅残破的景象。在这种情形下,汉代统治者的当务之急就是发展经济、稳定民心。

汉建立于秦的废墟之上，社会生活的主题就是稳定社会秩序。汉初思想家在总结秦亡的教训时，都认为秦由于"仁义不施"，而造成了社会上各种关系的失和，最终导致短命而亡。因此，调整好当时社会的各种关系，实现社会的和谐局面，是摆在汉初政治家以及思想家面前的首要任务。思想家们提出了纠正秦政之偏的各项主张。但是，汉初的思想论争也是极为激烈的。据《史记·儒林列传》记载，当时汉武帝的祖母窦太后喜欢黄老之学，偏爱《老子》一书。有一次，她就《老子》的有关问题，向当时的博士辕固请教。辕固脱口而出，"此家人言耳"，不屑之情溢于言表。不料此言惹得窦太后大怒，便命令辕固到猪圈里和野猪搏斗。幸亏汉景帝在暗中给辕固一把锋利的宝剑，辕固才杀死了野猪，得以保全性命。窦太后也只能作罢。最后，辕固以年老多病为由告老返乡，居家传授儒学。窦太后与辕固的争议故事，绝不是像说说而已那么简单。这是汉朝初年在如何实现社会和谐稳定的思想与治国路线上的斗争。

一、汉初诸位思想家与和

1. 陆贾、公孙弘等论和

陆贾是汉代第一位力倡儒学的人，正是他的努力进谏，扭转了刘邦对于儒学的偏见。众所周知，汉高祖刘邦乃一介草莽英雄，崇尚武力，对于儒家的仁政德治极为鄙视，据说还曾在儒生的帽子里小便。即使在这种情况下,陆贾依然坚持不懈地在汉高祖面前谈论《诗》《书》对于治国的重要意义。汉高祖起初是非常之不屑,认为自己是骑在马上打下的天下,并不是用《诗》《书》打下的天下。陆贾却因势利导,努力以儒家的学说来游说汉高祖。他对汉高祖所说的"居马上得之,宁可以马上治之乎?"之论,在中国传统社会产生了深远的影响,即可以骑马打天下,却不能骑马治天下,并由此为儒学的官学化的实现,打下了良好基础。陆贾高扬儒学旗帜,力倡仁义,认为仁义是实现天下和谐局面的根本保证,指出"乾坤以仁以合,八卦以义相承"(《新语·道基》)。在《新语》一书中,陆贾全面阐发了儒家的崇尚仁义道德教化的思想。"每奏一篇,高帝未尝不称善,左右皆呼万岁,号其书曰《新语》。"(《史记·陆贾列传》)在《新语》中,陆贾以仁义为人道的总领,陆贾的无为言论,与儒家的"风行草偃""恭己正南面"的主张是一致的,追求的是上行下效的效果,即陆贾所说的"道唱而德和,仁立而义兴"(《新语·术事》),这已经完全偏离了道家的"自然无为"的思想。陆贾所提倡的"无为",是针对秦始皇等暴君的过度"有为"而发的议论。他在汉高祖面前,努力推崇《六经》中的仁义之道,认为:"乾坤以仁和合,八卦以义相承。"仁作为"道之纪",进一步成为人与天地万物达成和合的基本原则,它贯穿于社会政治以及生活的各个方面。陆贾的贡献就在于,他促成了汉高祖对儒学态度的根本转变,汉高祖曾以太牢祀孔子,使儒学迈出了向官学化转变的第一步,也是儒家社会和谐思想在汉代的初步实施。

继陆贾之后极力提倡儒家和谐思想的是贾谊。贾谊以《过秦论》在中国历史上产生了重要影响。贾谊少年时代曾追随荀子的弟子张苍学过《左氏春秋》，所以其思想渊源可直接上溯到荀子。贾谊主要活动于汉文帝时代，他以更为敏锐的目光觉察到，秦朝禁儒造成了社会风气的败坏，但汉初的无为政治也未能扭转局面，反而愈演愈烈。由于贾谊思想与荀子一脉相承，所以，贾谊关于和的思想与强调"礼治"密切结合在一起。贾谊主张为政当"刚柔得适"，这样才是"和"，否则只能是"戾"。（《贾子·道术》）贾谊认为"礼"的作用，其目的是达到"上下和协"，在"礼"的规定下，人才会有仁义礼圣之行，才会心有"和乐"。

另外，叔孙通和公孙弘则是汉初从政治实践方面提高儒学地位的典型人物。叔孙通主要是为适应政治实践的需要，为刘邦制定了朝仪，使朝廷上下和谐有序；公孙弘以文学而官至丞相，在当时社会起到了引领人们研习经学的作用。公孙弘对于和，有极其深刻的认识："人主和德于上，百姓和合于下，故心和则气和，气和则形和，形和则声和，声和则天地之和应矣。"（《汉书·公孙弘传》）公孙弘认为天人和谐的最高境界就是"麟凤至，龟龙在郊，河出图，洛出书，远方之君莫不说义，奉币来朝。此和之极也"（《汉书·公孙弘传》）。由此可见，汉初学者对于和的重视和提倡。

2.《淮南子》与和

《淮南子》也称《淮南鸿烈》,为汉高祖的孙子淮南王刘安(前179—前122)主持编写的一部著作,是汉代"杂家"的代表作。该书延续了《吕氏春秋》的成书风格,兼取儒、道、墨、法、阴阳等各家思想。尽管同是"杂家"著作,但《淮南子》的思想主旨却与《吕氏春秋》迥然不同。

《淮南子》继承了《老子》以"道"为宇宙最高本体的思想,认为"道"有创生万物的作用。我们知道,《老子》是以"无"释"道"的,道家认为"道"是混沌不分的,既无颜色也无光亮,既无意识又无欲望,既无大小又无长短,等等。所以以"无"释"道",就是指"道"的无形无象、没有任何属性的样子。而《淮南子》中的"道",指的就是"气",或者说是"道"包含了阴阳二气。正是阴阳之气的交和作用,产生了天地万物。即"两者交接成和,而万物生焉"(《览冥训》)。《淮南子·泛论训》:"天地之气莫大于和。和者,阴阳调,日夜分而生物。春分而生,秋分而成。生之与成,必得和之精。"意思是说,天地万物是阴阳之气交互发生作用的结果。这种和的作用是极其伟大而无可比拟的。《淮南子》中所强调的和,其内容就是强调对立面的辩证统一,如前文所提到的"阴阳之和""天地和合"。《淮南子》在强调阴阳和合化生万物的同时,也强调事物的多样性的统一。正是事物的多样性的和谐统一,组成了缤纷灿烂的世界。

《淮南子》的阴阳对立统一、万物和谐并存思想,体现了宇宙论和道德论的统一。该书之《泰族训》一般被看成是《淮南子》一书的总结之作。可以肯定地说，天人之和是作者所追求的终极目标。天道最终将落实于人道。对于"道"与"德"的结合，《淮南子·缪称训》指出："德"就是将"道"具体体现和落实于事物之中，它必须与仁、义相统一，表现为一种和谐的形态。《缪称训》："君子非仁义无以生，失仁义，则失其所以生；小人非嗜欲无以活，失嗜欲，则失其所以活。"这种对于君子、小人的界定，颇近于儒家的人格理论。但是从整体上看，《淮南子》似乎有着将儒家的道德修养思想纳入道家的学说体系的迹象。事实上，《淮南子》的德性修养论看起来的确有些混杂，只能说从主体上讲，《淮南子》对于和谐人格的追求，所吸取的主要是道家的思想。《淮南子》的人格修养理论，主要强调的是心、性的修养，也就是一种内在的修养，所谓"通于神明者，得其内者也""以内乐外"(《原道训》)。《淮南子》认为安静恬淡是人的本性，"和愉安静，性也"(《俶真训》)。所以人应该保持平和之性。

在作者看来，纵情色欲，违背了人的本性，违背了"道"的精神，只能使人精神受到损伤，并不能达到真正快乐的目的。真正的愉悦应该是"乐亡乎富贵而在于德和"(《原道训》)。即实现人的内心精神世界的和谐。《淮南子》理想的真人和圣人就是能够"反其性"的人。应该说，这与孟子的修养学说似乎又殊途同归了。以此来治理天下，就可以化善成俗了。《泰族训》指出："故圣人怀天气，抱天心，执中含和。""因其性"而教，就可以收到

"化耀如神"的功效,礼乐教化是在潜移默化之中支撑着社会和谐局面的形成与维持的。

二、董仲舒:心平德和

汉初统治者认真总结了秦朝短命而亡的教训,采取了"与民休息"的统治政策,因而出现了"文景之治"的初步成效。但到了汉武帝时代,无为而治的政策已经不能适应建立大一统的政治政权以及强化中央集权的需要了。汉武帝,史称他雄才大略,在新的社会历史条件下,他为了建立一套新的统治秩序,广泛征集天下贤良文学之士的建议。董仲舒(前179—前104)就是在这样的一个历史条件下,走到了汉代的政治舞台上来的。在其著名的"天人三策"中,董仲舒提出了"独尊儒术"的建议,并得到了汉武帝的赞许。自此,先秦儒家孜孜以求的官学化,开始变成了现实,儒学的发展也进入了一个新的发展时期。

董仲舒所建构的新儒学体系呈现一种多元的开放结构,他根据时代的需要,发挥了儒学的兼容能力和应变能力,继承了自《吕氏春秋》和《淮南子》以来所奉行的上揆之天、下察之地、中审之人的整体思维方式,统观天地人间,建立了一个新型的天人理论体系。孔子所罕言的"天道"与"性命",在董仲舒那里都得到了充分的发展。《汉书·五行志》中说:"董仲舒治《公羊春秋》,始推阴阳为儒者宗。"董仲舒的思想体系,严格说来,是一种以儒家思想为主体的综合性的学术思想。在新的社会历史条件下，董仲舒在倡导儒学独尊的同时，又吸收了阴阳五行、道家、法家以及墨家等诸子思想。显然，董仲舒的儒学，已不再是原始儒学，而是在不违背儒学基本原则的前提下，把儒家的基本理论与阴阳五行学说相结合，使儒家的伦理纲常有了系统的宇宙图式作为基石。同时，还吸收了诸子学说中他认为有用的成分，使汉代儒学既具有浓厚的刑名特色，又兼采诸子思想之长。董仲舒所建构的学说体系，以天为最高理念，天人感应论是核心内容。徐复观说："董氏的天的哲学是一个大综合：他所用的方法，也是一个大综合。"[1]可以说，董仲舒的思想，既有对传统的"神灵文化"的继承，也是汉代神学氛围的产物，又在一定程度上强化了汉代的神学色彩。尤其是到西汉哀平时期，天人感应与谶纬学的结合，使得和在汉代的这一特点也非常突出。

追求天人和谐是董仲舒和谐思想的中心议题，其表现形式则体现为天人感应。换句话说，董仲舒所追求的天人和谐是通过天人感应学说来体现的。汉武帝曾向董仲舒问以"大道之要，至论之极"（《汉书·董仲舒传》）的问题，董仲舒进献了以天人关系为主体的"天人三策"。"究天人之际"是董仲舒思想的突出特点。董仲舒以天人感应来界定人与自然的关系，在吸收先秦诸子思想的基础上，以阴阳五行理论为其理论框架，建立起了这样一套神

---

[1] 徐复观：《两汉思想史》第二卷，华东师范大学出版社 2001 年 11 月版，第 240 页。

学目的论的宇宙观模式。在董仲舒的学说体系中，天不仅被赋予意志，而且这种意志被推崇到了极端权威的地位。董仲舒明确指出："道之大原出于天，天不变，道亦不变。"（《汉书·董仲舒传》）这句话千百年来为中国人所熟知。在董仲舒看来，天是百神之君，万物之祖。人同天地间万物，都是由天所派生的。也就是说，人之所以为人，本源在于天，天可以说是人的"曾祖父"。天为万物之本，没有天万物就不会产生。在董仲舒的天人感应学说中，天人一类。人与自然的和谐则表现为人与天的浑然一体。人是天按照自己的目的和样子而创造出来的副本。

首先，人体的形体结构与天完全是一致的。譬如：一年有三百六十六天，所以人体有三百六十六个小关节；一年有十二个月，所以人有十二个大关节；人有五脏，天有五行；人的四肢，与天之四季相符；人的眼睛一闭一睁，就像昼夜的更替……（《春秋繁露·人副天数》）

其次，不仅人身的自然结构与天相类，人的情感、意志等内心的思想活动，也是与天相类的。譬如喜气副春季，乐气副夏季，怒气副秋季，哀气则副冬季。所以，人的喜怒哀乐之气，就像四季自然存在一样，人的情感只能节制却是不可否认的。

再次，同样道理，人的道德亦"皆当同副于天"（《春秋繁露·人副天数》）。董仲舒认为，儒家的伦理道德同样是取法于天。也就是说董仲舒是从天人相类的命题中，推衍出了"人道"。恰如李泽厚所分析的那样："对董来说，天人之间的彼此交通感应，协和统一以取得整个结构的均衡、稳定和持久,这就是'道',既是'天道',也是'人道';既是自然事物的运行法规,也是人间世事的统治秩序。"[1]

作为董仲舒哲学体系之最高范畴的"天",同时又是最善的。天既化生万物,同时又养育万物。所以说仁德之美也在于天。这样一来,儒家的伦理道德具有了形而上的意义,天也具备了人格化的道德属性。董仲舒还指出,天的意志是通过阴阳五行而表现出来的,所以,在董仲舒的学说中,天道也是阴阳之道。天地之间充盈阴阳之气,而人就生活在其中,正像鱼儿生活在水中一样,不可须臾离开。但这种依存关系又是淡薄无形的,是通过现实政治中的治乱之气表现出来的。同时,也正是由于阴阳二气的变化演化为四季的转换,又分解为五行。董仲舒说:"天地之气,合而为一,分为阴阳,判为四时,列为五行。"应当注意的是,董仲舒无论是阐述宇宙化生还是阴阳变化,都是把人列入其中,作为一个有机整体来看待的。所以,从某种意义上可以说,"董仲舒所说的天人感应,即天的系统与人的系统之间的控制欲反馈。现代哲学控制论主要研究这样一种系统,它至少含有两个子系统,即施控系统和受控系统,前者对后者进行控制,后者对前者产生反应。……'天人感应'即是天系统与人系统的相互作用"[2]。实质上,和也因此而具备了形而上的本体依据。天之德为温和、仁爱、

---

[1] 李泽厚:《中国古代思想史》,人民出版社1986年版,第151页。
[2] 王葆玹:《今古文经学新论》,中国社会科学出版社1997年版,第269页。

公平与威严，这也是上天的秩序，上天的秩序是先有和，然后才能使德得以显现，做到了平和才能够显发威严。这说明德是生于和的，威严也是生于平和的。所以，天地之间，没有比和再大的德，也没有比和再美好的德行。

董仲舒的中和思想，继承和发展了先秦以来的和合思想的精髓，所以有时也以"合"来论述宇宙间的这种和谐精神。如《春秋繁露·基义》指出："凡物必有合。""合"讲的也是万事万物间一一对应的和谐关系。在董仲舒的宇宙模式中，正是由于天地、阴阳、五行以及四时的这种和谐的结构，它们相互扶持、相互交融，成了天地万物生存和发展的契机与源泉所在。

和既然是天地间最高、最美好的德行，那么，也必然应是治理国家的原则。显然，董仲舒以天地之气、阴阳五行来解释天地万物之化生，这绝不是他的终极目的之所在，而只是他的政治伦理学说体系的逻辑起点，也就是本体论的依据之所在。因为董仲舒所追求的最终落脚点是："世治之民和，志平而气正，则天地之化精，而万物之美起。"（《春秋繁露·天地阴阳》）在董仲舒看来，理想的社会应该是一个秩序井然的社会，就应当是一个天、君、臣、民上下关系和谐的社会。为实现这一理想的社会状态，圣明的君王应该效法天地阴阳之和谐精神来治理国家。人君应当取法天地之和，董仲舒援引阴阳五行学说来解释《春秋》大义，并以天人相类来为人间的现实制度寻求理论根据。董仲舒还把阴阳与五行的相生、相胜与人现世的道德进行了比附，并以此为依据，确立了一套人间世界的伦理秩序，譬如，阳尊阴卑、君臣、父子、夫妇之道，希望以此来维持社会的和谐稳定有序。如果不依天道行事，就会受到上天的惩罚。"天戒若曰……"是董仲舒在表述天人感应时说到的一句话。就是说，人世间的人们的行为，尤其是天子的行为，都会与天产生"同类相动"的结果，上天会垂示符命祥瑞或灾异以示谴告。天人是有感应的，就像马鸣马应之、牛鸣牛应之是一个道理。如果有一个帝王即将兴旺，天会降以祥瑞；如果国家将要灭亡，天会降以灾难、妖孽以示警诫。董仲舒反复强调，如果君王行仁政德治，那么，现实的表现就会是四时有序而又风调雨顺。反之，如果国家的政策失当，造成了社会处于失和的状态，天会发出谴告，如果统治者"谴告之而不知变"，天则会降下更大的灾难，不是为了别的，就是督促当政者行仁政，即"天欲之仁"。

　　为了实现"以中和理天下"的政治理想，董仲舒继承和发展了先秦儒家的德育教化的思想。董仲舒所谓的"身之与天同者而用之"，是以阴阳所比附的"贵阳贱阴"与五行的中和之道。也就是说，为政之主要实现社会的和谐，那人主之"心"首先必须是"和"的。人主的所愉所喜、所忿所怒，并非一般情感，它与庆赏刑罚的施政有着直接的关系。所以，应当"喜怒之发，威德之处，无不皆中，其应可以参寒暑冬夏之不失其时矣"。如此，才能举措得当。否则，则会陷入无序的境地，上天就会施以惩戒。所以，君主应当积极推行礼乐教化，以温和的手段实现变民风、化民俗的作用。

  和与人的养生、养德也都是董仲舒关注的问题。董仲舒认为："体莫贵于心。"(《春秋繁露·身之养重于义》)"身以心为本"(《春秋繁露·通国身》)。所以，在身心问题上，董仲舒更关注"心"。由于天有阴阳二气而施予人，所以，人身具有了仁、贪之性。这时"心"的作用就显现出来，必须在仁贪两者之间起到一个制约作用。此时的"以他平他"，表现为以仁制贪而达致"和心"。天道尊阳而卑阴，所以，人也应发挥"心"的作用，抑制贪欲，尊崇美善之德。董仲舒所提出的"仁在爱人，义在正我"的理论，是对先秦儒家的思想主旨"仁内义外"的一种发展。按照我的理解，董仲舒认为"人心"副"天心"，天生万物而长养万物，因而"天心"即"仁心"，"天心"仁爱万物，"人心"自应博爱，这是董仲舒对孔子仁学的发展。"义者，心之养也；利者，体之养也。"(《春秋繁露·身之养重于义》)董仲舒认为"利以养体"和"义以养心"都是不可或缺的，但两者相较，显然是"义以养心"处于一个更为重要的地位。尽管"利可养体"，董仲舒主张"节欲顺行"，"节欲"与"防欲"，应当都是对于人的过分贪欲的一种合理制约。因此，董仲舒的"正其谊不谋其利，明其道不计其功"(《汉书·董仲舒传》)，与孔子的"君子谋道不谋食"似乎并无二致。道义至上是儒家的一贯主张，"贫而乐道"在董仲舒思想中也得到了体现，道义使人内心和谐，得道之乐原本与贫富贵贱无关。

董仲舒从天人感应的角度,来阐发和的思想,以天和决定人和,以人和比附天和,与先秦儒家的和谐思想相比,无疑又是独辟蹊径的。神学的思维方式,在他所处的时代也是一种能够被人们广泛接受的方式,达到了他所要言说的人文目的。但是,董仲舒的天人感应的思想,开始与谶纬迷信结合在一起,后来发展到了一种极其荒谬的程度,于是东汉时期才有社会批判思潮的兴起。

三、扬雄:动化天下,莫尚于中和

扬雄(前53—18),字子云,是西汉末年著名的哲学家和语言文学家。其主要著作有仿《论语》而作的《法言》和仿《周易》而作的《太玄》。

扬雄生活于西汉末年,正面临汉王朝的衰落与瓦解,政治局面动荡不安,社会危机日益严重。同时,董仲舒所创立的神学经学体系面临的危机也开始凸显出来。谶纬经学的泛滥与畸形发展,便是神学经学恶性发展的必然结果。在这种社会历史条件下,扬雄以"正人心,息邪说"为己任,试图从学理上恢复孔孟儒家的正统儒学的本来面目,以代替董仲舒的神学经学,从而解决时代的思想危机。有学者称扬雄是儒家的革新派,有一定的道理。在当时的社会历史条件下,扬雄在无力改变现实政治的情况下,着力于矫正神学经学在人们思想中所造成的影响,并在一定程度上找寻在那个时代所造成的君子人格的缺失。他在继承孔孟思想的同时，对道、法以及阴阳诸家学说都进行了批判。其对"和"范畴的阐发，也是在上述基础上进行的。

扬雄以孟子自况，以孔子的传人自居，所景仰的圣人，也是孔子。扬雄效法孔子，自比孟子，这一方面说明了他继承孔孟儒学的志向，另一方面也表明了他以孟子为榜样，力辟邪说的决心。扬雄更把当时在今文经学界尊奉为"大儒"的董仲舒、夏侯胜以及京房三人，排除在"守儒"之外，只列为"灾异"之类，这更说明了他要张扬孔孟儒学的决心。但是，需要指出的是，扬雄的思想体系在一定程度上是对儒家思想的一种反思，其中的理性自觉是比较明显的。同时，尚智又使扬雄不固守孔孟学说，他继承和发扬孔子的损益因革的思想，主张"可则因，否则革"（《法言·问道》）。

扬雄在价值指向上突出发展了孔孟儒家"内圣"的一面，强调君子人格的和谐之美。扬雄十分强调人格的道德修养。对当时社会上普遍存在的神学经学家们囿于名利，而将儒家的经典意义引向迂腐和烦琐倾向，扬雄提出了针锋相对的批评。《法言·学行》篇指出："学者，所以求为君子也。"又说，"大人之学也为道，小人之学也为利。"时儒皓首穷经以及争相标新立异，造成了人格的畸形发展。真正的君子应该有和谐人格，要注重从心性上下功夫。扬雄强调通过修身养性的工夫，可以使人的言、行、貌、爱好即从里到外，都能够"全其德"（《法言·君子》）。在扬雄看来，修身养性的过程，就是一个人格趋向和谐完美的过程。扬雄认为理想的君子人格，就应当体现为一种刚柔的和谐、内外的和谐。内在的仁爱之德与外在的文采之美，应该是相称的，也只有相称了，才表现为一种和谐的人格之美。这与孔子提倡的文质彬彬是一脉相承的。

在治国理政方面，扬雄提出了"立政鼓众，动化天下，莫上于中和"（《法言·先知》）的思想。过与不及都不符合中和的精神指归。所以扬雄认为统治者应该做到使人民"利其仁，乐其义，厉之以名，引之以美"，并使之"陶陶然"。（《法言·先知》）因之，必须废除造成社会激烈矛盾的各项弊端，如横征暴敛和残酷的刑罚。

《太玄》则是从宇宙论的高度阐发了中和之道。《太玄》一书是模仿《周易》体例而成，在思想内容上，则是融合了《周易》以及《老子》的思想。以"玄"名书，应该是借用了《老子》书中"玄"的原义。扬雄认为，玄在深藏自己的形象和本质的情形下，化育天地间万物，它无所不能，无所不包。玄是宇宙的本根，也是人们行为的准则，必须顺应这种规则。扬雄又将阴阳、五行、四时相配以及气化统统纳入一个思想体系中，仿照《易经》的元、亨、利、贞，创设了"罔、直、蒙、酋、冥"的运行模式。扬雄提出了"中和莫盛乎五"这样一个命题，超过"五"和不及"五"，都只是事物的一个极端，最好保持在"五"这样一个中和的位置上。但扬雄并不否认事物的因循与变革，扬雄看来，正是这种和谐有序的因循与变革，才形成了天地间万事万物的有规律的运行和发展。扬雄还进一步强调了和的基本精神就是体自然与不妄为。

也正是由于这个原因,学界一般认为扬雄的《太玄》的基本原则是在循环论前提下的因循和明哲保身,而缺乏时代的进取精神,这种结论是否恰当,还有待于进一步深入研究。

四、王充:瑞气皆因和气而生

王充(约27—97),字仲任,东汉时期的唯物主义哲学家,杰出的无神论者。王充生活的时代,在思想领域,正是一个方士仙术盛行、阴阳五行灾异谶纬之说猖獗的时代。在这种"虚妄显于真,实诚乱于伪"的情况下,王充不随波逐流,以清醒的理性、知性精神,打出了"疾虚妄,重效验"的旗帜,其流传至今的著作《论衡》,就是一部侧重于学术批判的著作。王充思想兼综儒道,会通百家。大而言之,可以说,在政治伦理思想方面,王充主要是坚持了儒家的立场,而在天道观方面,则主要是继承了道家的天道自然的学说。在对"和"范畴的论说上,也充分体现了这一思想特征,基本上可以概括为两个层次:一是从元气自然论的角度阐述了天地万物之化生;二是从元气自然论的角度,批判了神学目的论。其和谐思想则完全体现于这种思想的展开之中。

与汉代以来盛行的天人感应思想针锋相对,天道自然是王充哲学的理论基础,也是王充和谐思想的出发点。王充在先秦以来的"气"论的思想基础上,从唯物主义和自然主义的立场出发,提出了他的元气论学说。以元气来解释天地万物之化生,从而也为他的天人关系学说体系提供了强有力的理论基础。什么是元气呢?王充明确指出,气只是一种物质。天地间包括人在内的万事万物,都是由"气"构成的,而且"气"在运动中产生了万物。

这样一来,汉代神学经学家们所赋予的天的神秘的光环,就被剥去了,取而代之的天是没有欲望、没有意志的天。王充就是用这一天道自然的思想,对当时泛滥于思想领域里的意志之天与神学迷信进行批判的。

王充认为,"元气"化生天地万物,主要取决于阴阳之气的和谐作用。天地和气而生万物,男女和气而生人类。在王充看来,天地间的万事万物及其性质,都与阴阳之气的是否和谐作用有着直接的关系。阴阳和谐,则万物正常产生和发展;否则,如果阴阳失和,在自然界的最直接的表现,就是自然灾害与各种变异现象的出现。人们平常所见到的异常现象,风雨雷电等现象,都与阴阳之气的不协调有直接关系,甚至时常出现的"雾"也是如此,"大雾三日,乱气也"(《论衡·感类》)。所有自然灾害都是如此,绝不是上天的谴告。有些毒虫毒草之类,也是由于阳气过剩而形成的。《论衡·言毒》指出:"天下万物,含太阳气而生者,皆有毒螫。"而对于人来讲,也是"气和者养生,不和者伤害"(《论衡·订鬼》)。

王充以阴阳和谐来解释天地间万事万物的发生与存在，对于鬼神也同样如此。他认为鬼神是阴阳不和而造成的结果。从王充的论述来看，在王充的学说体系中，鬼神也与天地间其他万物一样，是阴阳之气作用的结果。鬼神的存在，也是一种自然现象，是因阴阳之气的失和而产生的，不是太阳之气，就是太阴之气。人正是由于受到了不和之气的侵害，才看到所谓的"鬼"。所以，王充否认人死为鬼的说法。人的精神与形体是如影随形的，所谓"精神依倚形体"。所以王充说："人死血脉竭，竭而精气灭，灭而形体朽。"（《论衡·论死》）人一死亡，就不再存在形成鬼的条件了。人们所说的见鬼，只是"思念存想之所致"（《论衡·订鬼》），就跟庖丁解牛、伯乐相马同样的道理，都是心思过于专注的结果。从某种意义上说，王充以阴阳之气的失和，来阐明他的鬼神观，这是他的批判迷信鬼神思想的逻辑起点与战斗武器，无疑，他的这种批判与建构又都是不彻底的。

"和气"在王充学说体系中是备受关注的，也是王充与天人感应神学目的论的一种公开对抗。在汉代神学家们看来，天和人之间存在着一种神秘的感应关系。人间的一切事情，都在天的掌握与控制之中，天会以祥瑞和谴告来显示天的意志。但王充认为，天地与人是有关系的，但这种关系不存在精神的因素，因为归根到底说来，天是没有意志的，因而不可能有什么降下符瑞和谴告的功能。

王充认为，天自身是有其运动规律的，那就是"天道自然"，神学家们所宣扬的天故生人与故生万物的思想，是完全错误的。由于天无意志，所以人无法感动天。所以王充指出人们所说的"瑞物"，譬如嘉禾、朱草、甘露、醴泉、凤凰、麒麟等等，实质上并不是上天应德而降，只是阴阳和谐而自生的一种自然现象。"瑞物皆起和气而生。"（《论衡·讲瑞》）王充所说的和气，就是指阴阳之气调和得最为适当的一种中和之气，也是自然而然就发生的。而神学家们宣扬"祥瑞"与"谴告"，无非是想借一个具有威慑力的上帝之天，来代表人间帝王的意志，从而来愚弄和欺骗百姓。王充揭露了神学家们宣扬天人感应的社会根源，都是以元气论与天道自然为其理论武器，所以也可以说，王充并不是仅仅以其天道观为其学说的终点，他也是为他的政治伦理思想服务的。换句话说，王充的和气论，是与善政、教化密切联系的。

"和气"作为阴阳之气，它不仅会出现在太平盛世，也会出现在衰世，但只有在阴阳之气逢上了"善政"的情况下才会出现。王充说："衰世亦有和气，和气时生圣人。"（《论衡·指瑞》）这样，王充就给为什么圣人往往出现于乱世一个合理的解释。由于"善政"造成了百姓的安宁祥和，所以，王充说："百姓安而阴阳和，阴阳和则万物育，万物育则奇瑞出。"（《论衡·宣汉》）而这种"奇瑞"与善政的相应，只是"黯然谐合"（《论衡·初禀》），没有什么必然的联系。王充反反复复都在强调阴阳自化与天道自然是一切现象生成的理由，但在当时的社会历史条件下，他无法解释更为深刻的根本原因，是正常的。

王充又讲："万物之生，皆禀元气。"(《论衡·谈天》)但由于所禀之气的质和量的不同，因而出现了圣人、君子与小人的差异。王充说"和气生圣人"，"天地气和，即生圣人"(《论衡·齐世》)，"圣人禀和气"(《论衡·气寿》)，如果禀受了和气，在物则为瑞物，在人就是圣人。"气有少多，故性有贤愚"(《论衡·率性》)。王充认为人性是可以改变的。他说："人之性，善可变为恶，恶可变为善。"(《论衡·率性》)通过自身的努力学习以及社会的教化作用，可以促使人的修养与气质变化。王充还列举西门豹佩韦自缓、董安于佩弦自急来说明问题。性格过于急躁和缓慢，都是有失中和之道。但是，为了改掉自身的毛病，西门豹便时时佩戴牛皮以自警，而董安于深知自己性情缓慢，则时时佩戴弓弦以自励；佩韦佩弦，克服不足，所以西门豹与董安于的事迹可以成为人们学习与参照的榜样。

王充以一个思想批判家的面貌，出现于汉代的历史舞台上，他能够提出并试图解答有关问题，但显然并没有完全达到，时代使然。王充生活在一个神学笼罩的时代，他高举"疾虚妄"的旗帜，以"效验"说作为战斗武器，以阴阳中和论来对抗神学家所宣扬的天人感应论，范晔称王充的著作"物类同异，正时俗嫌疑"(《后汉书·王充传》)，纪昀赞王充的思想"殊有裨于风教"(《四库全书总目提要·子部杂家·四》)。但是也许正是由于王充的阴阳和谐、天道自然的学说，似乎成了王充的所有的立论基础，促使他更多地从"自然"的角度来反观人,这使他作为一个思想家的地位又大打折扣。所以,徐复观曾评价说:"王充的性论,……在正面论到人性时,除中人之性可善可恶,固须教化以外,并在《率性篇》中为性恶也开出了一条自立之路,这在他全盘的思想中,固然显得突出而不调和。但正赖有此一突出,使我们可以承认他的思想家的地位。"[1]评价是公允的。

五、昭君出塞,汉匈和亲

王昭君是中国古代四大美女之一,有"平沙落雁"之雅称。

王昭君,名嫱。因天资聪慧且容貌美丽,在汉元帝时应招入宫为"待诏",因出塞与匈奴单于结亲而彪炳青史。

汉匈和亲是西汉王朝与匈奴外交关系中的一个重要策略。从汉王朝的建立一直到王莽新政的灭亡,和亲一直伴随西汉政权始终,昭君出塞是其典型代表。

西汉汉宣帝时期,国力相对比较强盛。而这一时期的北方匈奴,却由于内部的斗争,分裂为郅支、呼韩邪两大部族,其中呼韩邪部族一直与汉朝交好,多次主动提出要求与汉朝和亲。元帝即位以后,呼韩邪在公元前33年,又亲自到长安,向汉朝求亲。汉元帝决定在宫女当中挑选一位,当公主嫁给呼韩邪。宫女中并

---

[1] 徐复观:《两汉思想史》第二卷,华东师范大学出版社2001年版,第391页。

无人愿意去,只有王昭君主动请求担此大任。于是汉元帝择吉日,让呼韩邪与王昭君成亲。据称,当汉元帝看到王昭君的真面貌时惊为天人,非常后悔,但为时已晚。此处不表。

且说王昭君与呼韩邪成亲后,冒着刺骨寒风,随呼韩邪策马西行,到达塞外。呼韩邪得到如此美貌的妻子,当然十分欢喜,"请罢边备塞吏卒,以休天子人民",称王昭君为"宁胡阏氏",意为呼汉友好皇后;而汉元帝也十分重视此次和亲,改元为"竟宁",意为和平安宁。可见汉匈对于此次和亲都给予极高重视。

唐代诗人张仲素有《王昭君》诗云:"仙娥今下嫁,骄子自同和。剑戟归田尽,牛羊绕塞多。"[1]昭君出塞,所要面对的,除了生活环境的艰苦,同时还要适应匈汉迥异的生活习俗、语言差异。但是,王昭君并没有怨天尤人,一味悲怀,而是积极适应新的环境,一方面阻止匈奴单于发动战争,另一方面亦将汉族的中原文化传至匈奴。《汉书》中记载的匈汉边境数世不见烟火之警、经济繁荣、人们和睦相处的景象,这里面倾注了王昭君的不懈努力。毫无疑问,昭君得到了匈奴人民的爱戴。所以,在她去世之后,匈奴人"倾城成仪,以葬昭君"。

"千古青冢在,犹是汉宫春。"昭君逝世后,她的后人继承了昭君所从事的和平友好事业,继续奔走于汉匈之间,为汉匈友好

---

[1] 《全唐诗》卷三六七,中华书局1999年版,第4150页。

做出了巨大的贡献。

　　"昭君出塞"是汉朝与其他边境民族修好的一个缩影,也是汉朝成功外交政策的代表,为中华民族的进步创造了一个和谐的社会环境。

第六章
蒿目时艰与风骨清流

如果从政治学的角度来论的话，魏晋南北朝时期无疑是一个极为黑暗的时期，但也正因为是这样一个动荡的年代，却迫使统治者和思想家们不得不去思考这样的问题：为什么会出现这样的社会局面？社会的出路何在？等等。有学者指出，中国文人所面临的生命的危险与精神的苦闷，没有任何一个时期能与魏晋时期相比。但魏晋士人充满着热烈的个人的浪漫主义精神，在动荡不安的社会环境中，他们能够跳出传统的伦理和传统思想的束缚，对宇宙、人生、政治、艺术等各个方面，都提出了大胆而独到的见解，从多方面寻求精神的安慰。也正是因为这种原因，魏晋思想家们一改汉代思想家的思维路向，把关注的目光从汉代的着重于以阴阳五行对宇宙的解释，拉回到了对现实社会有关重要问题的理性思考。他们宅心高远，却又不得不直面血淋淋的社会现实，在矛盾纠结中，"任诞"成为那个时代一道独特的风景。

品评人物是魏晋玄学所关注的一个与现实密切相关的话题，它与汉末清议有着一定的继承性和连续性。汉魏之际所兴起的名理学,开始从名实关系上对评论人物的一般原则进行抽象的探讨,这其中的主要代表人物如刘劭、钟会等。刘劭在《人物志·九徵》中明确指出,圣人必须具备中和品质,指出也只有圣人才能"阴阳清和""能兼二美"。可见,"中庸"为儒家之"至德","中和"是儒家追求的崇高境界。但从刘劭开始,对于中庸与中和的解释,已经带有道家的色彩。因之,学界认为魏晋清谈之风,与汉末的品评人物风气有着直接的关系。

一、王弼:知和得常

王弼(226—249),字辅嗣,是魏晋玄学的主要开创者之一。王弼在学术造诣上以注释《老子》和《周易》而著名。主要著作有《周易注》《周易略例》《老子注》《老子指略》《论语释疑》等。王弼在中国历史上素有少年奇才之称,但是,英才天妒,王弼的生命在 24 岁便画上了句号。王弼学识丰富,其儒家思想有家学渊源,本人特别喜好道家学说,所以,在面对自然与名教等尖锐的社会问题时,他能够提出自己独到的见解。他的思想,既包含以儒学为核心的价值观念,又巧妙地引入了道家思想;既尊孔又重老,把儒道融为一体。其玄学的基本思想是"以无为本"。王弼从抽象思辨的角度来论证"无",但极少脱离社会现实。

汤一介评价说:"王弼之大畅玄风,使玄学蔚为大流,其思想虽然渊源有自，但学者不应该以承续关系之网络遮蔽王弼这位大哲的身影，其在变迁（指魏晋学术变迁中）之际实为里程碑式的人物。"[1] 王弼的核心思想是"以无为本"和"名教本于自然"，也是以道家的"无"为最高本体来展开他的思想学说的。

老子提出"无名论"，并不是取消名言概念，不要逻辑，而是看到了概念在其自然本性上都具有隔离性、僵硬性和局限性的特点。《老子》第四十章："天下万物生于有，有生于无。"对此，徐复观曾评价道："老子思想最大贡献之一，在于对此自然性的天的生成、创造，提供了新的、有系统的解释。在这一解释之下，才把古代原始宗教的残渣，涤荡得一干二净；中国才出现了由合理思维所构成的形而上学的宇宙论。不过，老学的动机与目的，并不在于宇宙论的建立，而依然是由人生的要求，逐步向上面推求，推求到作为宇宙根源的处所，以作为人生安顿之地。因此，道家的宇宙论，可以说是他的人生哲学的副产物。他不仅是要在宇宙根源的地方来发现人的根源；并且是要在宇宙根源的地方来决定人生与自己根源相应的生活态度，以取得人生的安全立足点。"[2]

王弼有关"和"范畴的阐发，主要体现在他对圣人理想人格的认识上。在当时的玄学界有一种关于圣人有情无情问题的论争。《三国志·钟会传》注引何劭《王弼传》记载，在当时的玄学创始

---

[1] 汤用彤：《魏晋玄学论稿·导读》，上海古籍出版社2001年版，第7页。
[2] 徐复观：《中国人性论史（先秦篇）》，上海三联书店2001年版，第287—288页。

人何晏看来，圣人并无喜怒哀乐之情。但是，王弼对其观点不以为然。王弼认为，圣人并非无情，只是异于常人。圣人所超越常人之处，就在于圣人的"神明"（当指大智慧），而在喜怒哀乐怨"五情"上，圣人与常人是相同的。也就是说，圣人应接事物时，同样会产生情感的波动。但圣人异于常人之处，在于圣人"应物而无累于物"。圣人之所以成为圣人，在于圣人的"体中和"。王弼说："物以和为常，故知和则得常也。"（《老子注》第五十五章）王弼对于和的论述，是对道家《老子》"和"的学说的一种阐发，此"和"是一种作为精神本体的"大和"与"至和"。

王弼认为人的情感应该本性化、自然化，道德情感也应是一种自然的体现，成圣与为仁应当是一个自然而然的过程，而不应该是"强为"。这种观点在某种程度上，也可以看作是对东汉以来名教流于外在化和功利化的一种反思。王弼"论述性情关系，认为人情'近性则正'，不'近性'则邪僻"[1]。在王弼看来，仁义作为儒家的普遍道德，其发生的过程应当是一个自然的由内到外的过程。"为之"有"强为"之意，只是为了"行仁义而行仁义"，目的是做一番样子，而不是内心的自觉行为，难免流于虚伪。一些外在的规范更不可避免地沦为"外饰"。儒家所提倡的道德规范，一旦确实"自然"，就变成了"望欲冀利"的行为。"故仁德之厚，非用仁之所能也；行义之正，非用义之所成也；礼敬之清，

---

[1] 王葆玹：《王弼评传——玄学之祖、宋学之宗》，广西教育出版社1997年版，第33页。

非用礼之所济也。"[1]儒家的仁、义、礼只是人们猎取功名的工具而已。王弼的这种建基于"以无为本"、崇尚自然基础上的对于正统名教流弊的批判,"似乎应当更确切地看着是儒家的自我批判"[2],只有"名教"实现"自然化",主体的道德行为真诚自然,才能发挥"名教"的作用。

王弼从道家《老子》之"无"的学说出发,追求"性近则正"的一种人格和谐。此"和"是一种作为精神本体的"大和"与"至和"。王弼在《论语释疑》之《论语·述而》章中的"温而厉"一段话的解释时指出:"温者不厉,厉者不温,威者心猛,猛者不威,恭则不安,安者不恭,此对反之常名也。若夫温而能厉,威而不猛,恭而能安,斯不可名之理也全矣。故至和之调,五味不形,大成之乐,五声不分,中和备质,五材无名也。"[3]这段话的意思,用现代汉语来讲,即为:温与厉、威与猛、恭与安,是对反之名,也就是说一个人一般只能居于其一面。但是,如果能够调和适当,就像最美的味道不是五味中的任何一味的表现,而是一种综合;最美的音乐,也不是五声中的某一声的功劳,而是五声的综合。如果说五声和五味是具体,那么五声五味的调和便是体。因此,对于一个人来说,最好的状态不是拥有某一面,而是能以

---

1 楼宇烈:《王弼集校释·老子道德经注下篇》,中华书局1999年版,第95页。
2 杨国荣:《善的历程——儒家价值体系的历史衍化及其现代转换》,上海人民出版社2000年版,第191页。
3 楼宇烈:《王弼集校释·论语释疑》,中华书局1999年版,第625页。

"中和"的方式将这些对反之名调和适当,达到"中和备至",也就是中庸的境界,"中和"才是目的。由于"'中和'是各种有形有名要素的完备无缺的有机整体,它本身体现出了不属于某一有形有名者的无形无名的特性。中和便是那'无'或'道'"[1]。

由于和的这种本体特性,所以王弼主张人们应固守中和的道德本性。如何固守呢?那就是"以无为本",因顺自然之道。所以,以禀有中和之德的圣人来治理天下,使人们"无私于物",就会实现天下和谐的局面。

"体无"是王弼认识论的最高境界,他把"和"范畴也纳入"无"与"自然"的本体上来,求和也主张以无统有、崇本举末。所以,王弼关于"和"范畴的学说,其意义首先应该在于方法论的创新上。

二、肆意酣畅之"竹林七贤"

一提起"竹林七贤",人们往往会认为他们是一伙飘飘然的乌合之众,认为他们只会饮酒谈玄,放浪形骸,遨游于山水之间。其实不然,"竹林七贤"并不仅仅是甘于寂寞的隐逸之士,他们都是有理想有抱负的人物。他们的言行也与当时的社会环境息息相关。"竹林七贤"生活的年代,正是曹魏集团与司马氏集团的斗争

---

[1] 董根洪:《儒家中和哲学通论》,齐鲁书社2001年版,第234页。

最为白热化的阶段，包括何晏在内的一大批正始名士都被司马氏集团杀害了。司马氏集团虽然在政治上取得了胜利，但在道义上却是一败涂地。他们的所作所为，使那些从小就深受儒家礼教所熏陶的知识分子为之侧目。司马氏集团的行为严重践踏了传统的礼教，却又打着以礼教治理天下的旗号。在这种残酷的社会现实面前，像竹林学者这样的知识分子们，既不肯违背自己的意愿去迎合司马氏集团，又不敢公开与之对抗，公开对抗必然要被杀头。在这样腥风血雨的环境下，他们只能采取权宜之计，表面上对政治漠不关心，终日饮酒谈玄，从老庄的学说中去寻求精神的慰藉，以放诞来掩饰心中的愁苦与压抑；在思想的建树上，也开始独辟蹊径。退隐而关注政治，是竹林小团体的行为模式。徐复观指出："竹林名士，在思想上实系以《庄子》为主，并由思辨而落实于生活之上；这可以说是性情的玄学。他们虽形骸脱略，但都流露出深挚的性情。在这种性情中，都含有艺术的性格。……所以竹林名士，实为开启魏晋时代的艺术自觉的关键人物。"[1]

汤用彤曾分析道："嵇康、阮籍与何晏、王弼不同。王何较严肃，有精密之思想系统；而嵇阮则表现了玄学的浪漫方面，其思想并不精密，却将玄学用文章与行为表达了出来，故在社会上之影响，嵇阮反在王何之上，而常被认为是名士之楷模。嵇阮之为名士，与以前名士不同。汉之名士讲名教，其精神为儒家的；嵇

---

[1] 徐复观：《中国艺术精神》，华东师范大学出版社2001年版，第90页。

阮等反名教,其精神是道家的。"[1]阮籍和嵇康是"竹林七贤"的主要领导者和代表人物。

1. 阮籍:青白眼中亦重和

阮籍(210—263),字嗣宗,三国时魏国人,少习儒学,后受正始玄音的影响,又目睹当时社会礼教之虚伪,开始鄙弃礼法,推崇庄子思想,任性自然。主要著作有《大人先生传》《达庄论》《乐论》等,后人编有《阮籍集》。

据《晋书·阮籍传》记载:"魏晋之际,天下多故,名士少有全者。"魏晋社会危机四伏,能够苟全性命于乱世,已非易事。但又诚如后世学者对于竹林名士的总结"清介超逸"那样,这一群人被称为魏晋风流或者魏晋风骨,并非浪得虚名。他们满腹才华,却又不肯随世俯仰。酒,在这样的一个特殊的历史时期,便起到了非常关键的作用。所以,后世都能读懂这一时期的思想家的借酒浇愁的心态:既可靠酒遁世,亦可靠酒暂时慰藉痛苦的灵魂。是不得已而为之,亦是反其道而行之。

从人生哲学来看,他主张的是一种自然和谐的人生观。阮籍认为天地万物都是与自然一体的。也就是说,自然是天地万物生成和发展的基础,尽管万事万物的存在形式与生成方式各不相同,但其"自然"的本质是一样的。人也如此。理想人格的至人应该与宇宙精神是相通的。人生理想的状态应当是"生恬""死净"。

---

[1] 汤用彤:《魏晋玄学论稿》,上海古籍出版社2001年版,第134页。

这种理想的人格，在阮籍看来，是完美地体现了天人和谐一体的。这是阮籍因为反对名教而提出的思想主张，但这并不是"本有济世之志"的阮籍的初衷。在当时的社会现实情况下，心存高远的阮籍内心是十分痛苦的，但又不能明言，为避害计，他总是在似乎不经意间努力调和"自然"与"名教"的矛盾。如果说王弼对于和的认识是基于"名教出于自然"的话，阮籍则是采取了"越名教而任自然"的路向。

因此，才有了阮籍的种种放浪形骸、不守礼法、驾车无目的前行途穷而大哭、登高长啸等怪诞的举动。所以他常常驾车出游而不问路径，任其走到路尽头则痛哭而返，这就是著名的"效穷途之哭"。阮籍是至情至性之人，不为礼法所拘。有一次，其嫂回娘家，他去送行，别人笑话他不懂礼法；因为按礼，叔嫂是不能同行的。阮籍则答道："礼法岂为我辈所设耶？"以真性情对抗司马氏所谓以名教治天下的虚伪。当他的母亲过世时，众人都来凭吊，阮籍却旁若无人地大吃酒肉，据说蒸的一只小肥猪都被他吃完了。吃完后起来大叫一声，吐血三升。阮籍好喝酒，常常到一个美妇当垆的酒家去喝酒，喝醉了就随地倒卧在美妇的脚边酣睡。刚开始，妇人的丈夫十分警惕，但后来时间一长，也就习以为常、见怪不怪了。酒是阮籍的忘忧物，也是他借以逃避现实政治迫害的保护伞，甚至是自保的手段。司马炎为拉拢他，曾想把自己的女儿许配给阮籍的儿子。阮籍不能当面回绝，只好以大醉六十余日的方式使这件事情不了了之。婚事是摆脱了，但是人也受到了伤害。阮籍终晋一朝没担任过什么真正的官职，是以名士终老的。其实，他的心里是充满用世之志的。他曾登广武楚汉相争之古战场，长叹道："时无英雄，使竖子成名！"把刘邦、项羽都不放在眼里，可见其本人的志向与才略。为了表示自己的态度，阮籍还使出了一项特别的招数：青白眼。每当他见到礼俗之士的时候，就以白眼对之。譬如在其母亲去世后，嵇康之兄前来吊唁，因其为礼俗之士，所以阮籍便以白眼对之；而嵇康听说后携琴带酒而来，阮籍非常高兴，报以青眼。这就相当于我们现在所说的白眼看待不喜欢的人吧？

尽管如此，并不说明阮籍完全不懂或者说不提倡儒家的礼乐主张，只是对当时盛行的"伪道学"的一种反抗而已。他也认为只有礼乐正才能天下平。正如鲁迅先生所说的，他们是"不平之极"才转而抨击礼教的，在矛盾的述说的表象下，深藏着阮籍被迫无奈的苦衷。因此，阮籍的"和"思想，又不可以简单理解为对先秦儒家"乐合同"的重复，在玄学的时代背景下，不可避免地被加入新的内容而具有了新的时代特征，主要体现在其所著的《乐论》中。

学界一般认为，《乐论》是阮籍在早期信奉儒学时所写的著作，而且指出《乐论》与荀子的《乐论》一脉相承。这种观点有一定道理，但也不尽然。阮籍认为，音乐的产生是出于自然之本体，因而是和谐的。各种不同的乐器也与自然一样，各自有其相宜的位置。音乐的和谐是不可更改的，是谓"常"。"至乐"之所以能与天地同体，就是因为它们在产生之初就已经是内在地规定好了的。音乐之发挥作用，也在于其和谐之美。圣王制乐以期"和"，也正是对这一规律的体现。基于此，阮籍又批评了以悲为乐的现象。《乐论》说："诚以悲为乐，则天下何乐之有？天下无乐，而欲阴阳调和，灾害不生，亦已难矣。"音乐应当符合人的真性情，那才是心中真正的快乐，才能达到"心"的中正平和。同时，阮籍认为"淫乐"只能造成人的心态失衡，因为"淫乐"背离了音乐依天地之性的本性。音乐与天地万物一样，理应各遂其性，一旦失却其本性，就会造成人心之"乖逆"，从而引起社会秩序的混乱。但阮籍对于音乐的理解，却又不完全同于儒家。如《乐论》中说："孔子在齐闻《韶》，三月不知肉味。言至乐使人无欲，心平气定，不以肉为滋味也。由此观之，知圣人之乐，和而已矣。"[1]

阮籍认为音乐的至上境界是使人能够进入"无欲"的纯和式的精神愉悦，又加上了道家思想的色彩。实质上，阮籍所追求的和谐境界也是"使其声平，其容和，下不思上之声，君不欲臣之色，上下不争而忠义成"[2]。阮籍思想与儒家的不同，姑且可以理解为阮籍在儒道之间的一点小小的游移而已。如果将其完全看成主观的臆造，也是不正确的。阮籍在他的《咏怀诗》中这样写道：

---

[1] 陈伯君：《阮籍集校注》，中华书局1987年版，第99页。
[2] 陈伯君：《阮籍集校注》，中华书局1987年版，第88页。

"对酒不能言,凄怆怀酸辛。"将情思寄托于杯酒,将和的理念体现于可以抒发情志的音乐之中。不仅阮籍,嵇康等魏晋名士也大多如此。

2. 嵇康:飘扬于七弦琴上的和

嵇康(223—262),字叔夜,三国时期著名的思想家、文学家及音乐家。"家世儒学",其学博通儒道,在政治上倾向于曹魏集团,反对司马氏的统治,终因"言论放荡,非毁典谟"之"罪"而被司马昭杀害。主要著作有《养生论》《难自然好学论》《声无哀乐论》《与山巨源绝交书》等。有学者指出:"嵇康是第一位把庄子的返归自然的精神境界变为人间境界的人。"[1]针对王弼玄学所主张的"名教出于自然"的观点,嵇康提出了反对的观点,主张"越名教而任自然"。他认为自然与名教是对立的。因而"非汤武而薄周公"是嵇康一贯所标榜的。"越名任心"是嵇康"和心"思想的主要特点。

嵇康指出:"老子庄周,吾之师也。"[2]认为礼教名分则完全遏制了人的自然性情,妨害了人们过那种恬然自在的生活。因而在嵇康看来,儒家的经典只能使人们陷入对功利的无休止的追求之中。嵇康强调"意足",就是精神上的满足,而不是汲汲于功利。这是一种只向内心上要求的人生观。怎样才能做到这一点呢?嵇

---

[1] 罗宗强:《玄学与魏晋士人心态》,浙江人民出版社1999年版,第101页。
[2] 戴明扬:《嵇康集校注》,人民文学出版社1962年版,第45页。

康主张"君子无措",以"无措""匿情"来区分君子和小人。"无措"就是指不雕饰自己的言行,不掩饰自己的真情,不在意毁誉也不计较是非;"匿情"则是隐瞒真实情感,藏匿心中欲求,言行举止充满虚伪。嵇康的"越名教而任自然",就是"越名任心"。真正的君子应该"任心"之为。

在竹林七贤中,嵇康以"宽简大量""博洽多闻""恬静无欲""超然独达"而著称。流传不衰的故事也有很多,如:嵇康著名的《与山巨源绝交书》,就是因为山涛举荐其出山做官而引起的。嵇康此书也表达了不与当政者合作的态度。他对于当朝权贵钟会的造访,也不予理睬。钟会是当时社会权贵的代表人物,闻嵇康之名而造访他。当时嵇康与向秀正在打铁,仿佛未见到般头也不抬,钟会觉无趣而告别。这时,嵇康才幽幽而问:"何所闻而来,何所见而去?"钟会说:"闻所闻而来,见所见而去。"哑谜般的对话,人们现在好像只注意到了玄学家们的谈话风格,但归根到底反映的是嵇康对时事的不合作的态度。

先秦道家的自然天放的和谐人格理论,在嵇康的思想体系中得到了淋漓尽致的发挥。嵇康还将他所设计的"大和"的理想人格境界,自觉地与儒家的中和学说区别开来。他认为儒家要求人们"动由中和",只是主张人们的一切言行都要受礼法的约束。而嵇康的"大和"境界,则已经完全摆脱了世俗的牵累,而只是与道周始,最终"并天地而不朽"。嵇康还以"和"作为一种人生的修养方法,也强调"任心"而行。但嵇康所强调的"任心"而行，并不是追求一种感官以及功利欲望上的满足，而是基于对现实黑暗社会的不满而追求的精神上的满足，也就是追求一种超拔的人格境界。儒家的仁义道德原本无过，只是在现实的社会中成为一部分人蝇营狗苟的工具而异化。诚如我们前文所提到的鲁迅的分析。嵇康以道家理论来为儒家道德提供一个实践标准，实质上是呼唤美好的道德回归人的心灵，成为一种自然的过程，而不是满口的仁义道德，却行篡杀之实、谋利之具。嵇康主张"越名任心"，并为追求"心"之自由付出了生命的代价。

"和"是嵇康所追求的一种人生态度，恬淡和谐的内心境界，才是符合"自然"的。嵇康进而提出了"大和"的人生境界。在《答难养生论》中指出："若以大和为至乐，则荣华不足顾也。""大和"是人与自然和谐的最高境界。所以，嵇康常常纵情于山水间，饮酒弹琴，舒缓心中的郁闷。

嵇康本人是一个造诣颇深的音乐理论家，其所著《声无哀乐论》，一般被认为是中国美学史上系统谈论音乐理论的第一篇文章，具有开创之功。他论述音乐所运用的方法，是玄学中的"辨名析理"的方法。而音乐究竟有没有哀乐情感的问题，也是魏晋时期比较引人注目的一个论题。在与儒者的论辩中，嵇康提出了以"和"为最高范畴的音乐美学理论。在嵇康看来，音乐同其他万事万物一样，都是天地合德、阴阳交错而化生的。声音的形成，就像气味之在天地之间一样，味道的好坏，虽然经过各种变化，但味道的本质是不变的；声音的善与不善，是不以人的意志为转移的。嵇康在文中反复强调:"音声有自然之和,而无系于人情。克谐之音,成于金石;至和之声,得于管弦也。"[1]音乐既然是"至和"之声,就是没有具体的规定性的。这与儒家所主张的音乐是有情感的思想,正是相反的。嵇康承认音乐可以感发人的情感,和谐的音乐又是感人最深的。人们在欣赏音乐时,往往会植入个人情感,但这种哭与乐只是情感的外在形式,而不是情感本身。正如孔子所说的钟鼓不等于"乐",而玉帛也不等于"礼",都是一个道理。而且,各地方的人,由于风俗的不尽相同,对音乐的感受也是不完全相同的。同样的音乐,有的人听了哭,而有的人听了则会笑,这也正说明了"声音无常"。客观对象与主观情感应该严格区分开来,就像甘苦之味在"彼",而甘苦之味的感觉却在于"我",贤愚在"彼",而爱憎也在于"我"一样,音乐与哀乐,也当"名实俱去",各不相干。这就是嵇康所说的"和声无象,哀心有主"。和声在引发人的情感方面,只是起到一个媒介的作用。嵇康反复说明的就是哀乐的情感是以主体的经验和感受为前提而产生的,并不是音乐的原有之义。对于儒家所提倡的音乐的移风易俗的作用,嵇康也给予了新的内涵。嵇康认为,所谓移风易俗的音乐,指的是自然的和谐之声,并非世俗所说的有声之乐。音乐之作用,在于"大同之和"的音声,是为"至和"。自然和谐的社会环境,是人们产生纯正情感的必然因素,而和谐之心,则是

---

[1] 戴明扬:《嵇康集校注》,人民文学出版社1962年版,第208页。

理解和谐音乐的必然前提，又反过来影响于音乐，影响于社会环境。音乐的移风易俗的作用，应是这样的。

嵇康守持着心中的理念，傲然于世，终不见容于当政者，最终被司马氏杀害。据《世说新语·雅量》记载：嵇康在被杀害前，"神色不变"，索琴而弹《广陵散》，并发出了"《广陵散》于今绝矣"的生命之叹！

汤用彤指出：魏晋时代的"思想中心不在社会而在个人，不在环境而在内心，不在形质而在精神"[1]。阮籍和嵇康的"越名任心"主张充分体现了这一点。其精神境界的追求似乎完全是庄子逸风，却又暗含儒家情怀。魏晋名士所采取的思想表达方式，颇类似于当代人的行为艺术。

三、刘勰《文心雕龙》：率志委和

刘勰（约465—532），字彦和，魏晋南北朝时期著名的文学理论批评家。所著《文心雕龙》，是中国文学批评史上最为杰出的文学批评著作，也是我国现存的最早的自成体系的文学批评论著。该书对先秦到南朝齐宋间约300人计400余篇作品进行了批评。全书共50篇，分为总论、文体论、创作论、批评论等四个部分。《文心雕龙》集中体现了刘勰的"和"思想。

---

[1] 汤用彤：《魏晋玄学论稿》，上海古籍出版社1998年版，第196页。

从总体而论,《文心雕龙》的思想倾向是属于儒家的,但其宇宙观则更多地接受了玄学的理论。在刘勰看来,文学与自然界的其他万事万物一样,都是"道"的产物。天上的光辉灿烂的景象,是因为有了日月星辰;大地上呈现绮丽的风光,是因为有了锦绣般的河流山川。人为万物之灵,生天地之间,与天地并为"三才",含五行之气,为天地之心,更应有"文"并成为"文"的主宰。什么是"文"呢?刘勰所说的"道之文"既是天文,也是人文。刘勰撰写《文心雕龙》的目的,是纠正当时社会上流行的浮躁文风、彪炳圣人之道。刘勰认为圣人之所以称为圣人,就在于他们能够体会"自然之道"的精神,因而圣人的文章具备"道心",充满"神理"。

刘勰的"和"思想,体现在其文学批评理论中,是在对传统思想进行继承与创新的过程中完成的。"唯务折中"是《文心雕龙》的主导思想,在《通变》篇,刘勰指出:"斟酌乎质文之间,隐括乎雅俗之际。"就明确表示反对片面,反映了刘勰自觉调和质文、古今、自然人事等诸多方面的思维路向。在对古今文学进行总结批评中,刘勰提出了成功文章的六大要素,即所谓"六义"。《文心雕龙·宗经》篇指出:"一则情深而不诡,二则风清而不杂,三则事信而不诞,四则义直而不回,五则体约而不芜,六则文丽而不淫。"刘勰还进一步对情性关系进行了论述。刘勰对感物生情予以描述,认为物象能够感动作者的心灵,从而在人的内心产生喜、怒、哀、乐等情感体验。"情以物迁,辞以情发",这是"性灵所钟"的人所特有的功能。刘勰认为这是文学的灵魂所在，也是人性的自然。

刘勰特别强调"神思"，《文心雕龙·神思》指出："古人云：'形在江海之上，心存魏阙之下。'神思之谓也。文之思也，其神远矣。"要神思，就必须能够做到虚静，为此，必须养气。刘勰继承了王充的元气自然论，把血气当作精神必备的基础。《文心雕龙·养气》篇说："率志委和，则理融而情畅。""率志委和"就是让精神处于一种完全虚静的和谐自由状态。只有这样，才能实现文学的最高境界。

刘勰"率志委和"的思想，既有玄学意味，又在一定程度上具有援道入儒、向儒学回归的特点。

第七章

隋唐盛世的"和"思想

隋唐时期是中国历史发展的粲然盛世之一。为了更好地利用和发挥儒、释、道三教为国家统一与政权的巩固服务的作用,隋唐统治者在确立儒家的正统地位的同时,对佛教和道教也采取了扶持和尊崇的态度。所以,隋唐之际的儒者李之谦在概括当时三教的地位和特点时说:"佛,日也;道,月也;儒,星也。"[1]说明儒、释、道三教在隋唐时期像日、月、星一样,同时以其不可或缺的光芒照耀着时代。这主要是由于最高统治者的身体力行,同时学者的提倡也起到了非常重要的作用。儒家思想始终占据主体地位,"和"思想在这一时期的发展就体现了这一点。

一、王通与《中说》

王通(580—617),隋朝大儒,门人私谥"文中子"。其主要

---

[1] [唐]道世:《佛教要籍选刊》第3册,上海古籍出版社1994年版,第232页。

著作是《续六经》，其中包括《续诗》《续书》《礼论》《乐论》《元经》《赞易》六种，惜已全部亡佚。现在流传下来的著作《中说》，是其弟子及家人所整理的与王通之间的问答之语，是研究王通思想的主要资料。王通出生在儒学世家，家学渊源深厚，自幼就受到儒家思想的熏陶。王通一生的主要时间用于著述和聚徒讲学，他以光明王道为己任，试图完成恢复孔子学说之伟业，提出了许多有价值的思想观点，在当时有"王孔子"之称，后世也尊称其为"河汾道统"。王通所处的时代，正是中国封建社会由长期的分裂走向统一的时期。通过总结历史的经验教训，王通认识到，只有实行儒家所倡导的王道政治，才是适应社会的长治久安之道。所以王通力主在确立儒家主体地位的基础上，实现三教合一。

王通言明他是从祖辈的遗训中受到了启发，所以王通自觉地以推行王道政治为其学说之宗旨。在《中说》中，有多处记载了王通对孔子的赞美之辞，并且，他坚信总有一天，孔子的思想会见用于天下。在《中说》的有关篇章中，还记载了王通关于《续六经》的用意。王通特别强调王政教化的作用。在王通看来，实行道德教化是实现王道的根本前提。弟子问"化人之道"，王通答曰"正其心"。通过"正其心"将人变成善人，使人人都具备高尚的道德，从而在全社会形成一种风化。王通的教化主张是以仁义为本，以礼乐为先。对于六经的作用，王通在《中说·魏相》中做了如下概括："《书》以辨事，《诗》以正性，《礼》以制行，《乐》以和德，《春秋元经》以举往，《易》以知来，先王之蕴尽矣。""乐"养和德的思想,与先秦儒家一脉相承。

王通把"心"分为"道心"与"人心"。王通以"道心"为"性",所谓"道心"指的是仁、义、礼、智、信五常之"善性";以"人心"为"情",指人的私心与欲望。人都具有"道心"和"人心",所以必须通过道德教化来"以性制情"。王通对于"和"范畴的阐发,就体现在他的礼乐教化的思想体系当中。王通十分强调对于儒家经典的学习,而且指明了学习六经的顺序,如《中说·立命》记载,姚义说:"尝闻诸夫子矣:《春秋》断物,志定而后及也;《乐》以和,德全而后及也;《书》以制法,从事而后及也;《易》以穷理,知命而后及也。故不学《春秋》,无以主断;不学《乐》,无以知和;不学《书》,无以议制;不学《易》,无以通理。四者非具体不能及,故圣人后之,岂蒙养之具耶?"[1]此处概括简明易懂。通过王通弟子的论述可以看出,王通对于"乐"的重视,主要是在于培养一种"和"德,认为"和"是人生道德修养过程中一个不可或缺的重要环节。

王通弟子姚义对这种思想又进行了进一步的发挥。《中说·立命》指出:"度其言,察其志,考其行,辨其德,志定则发之以《春秋》,于是乎断而能变,德全则导之以《乐》,于是乎和而知节,可从事则达之以《书》,于是乎可以立制。"在成德过程中,只有做到了"和",才能张弛有度,有礼有节。

---

[1] 张沛:《中说译注》,上海古籍出版社2011年版,第227页。

二、柳宗元：守"大中之道"的和

有学者指出："隋唐儒学的新觉醒，主要表现为以儒家这种最基本的理论立场，对先秦以后，即两汉魏晋时期所出现的儒学理论形态的批判性反思，和对东晋南北朝以来广泛融入社会生活的佛道思想的批判性辨析。"[1] 柳宗元是中唐时期儒家的主要代表人物。

柳宗元（773—819），字子厚，唐代中期著名的思想家、文学家。其主要著述有《天对》《天说》《非国语》《答刘禹锡天论书》《贞符》以及《封建论》等，后由刘禹锡编为《柳河东集》45卷流传后世。面对唐代儒释道三教鼎立的局势，柳宗元认为儒释道三教不是决然对立的，他主张吸收佛道思想的长处，来充实儒家的学说。但柳宗元明确表示："幸而好求尧、舜、孔子之志，惟恐不得；幸而遇行尧、舜、孔子之道，惟恐不慊。"[2] 柳宗元的思想体系是以儒家思想为主体的。从总体上看，柳宗元是着力于恢复儒家的政治伦理思想，以"明道""行道"为己任。柳宗元思想的中心在于"大中之道"。至于何为"大中"，学界各有界定。刘光裕认为："'大中'的词义，来源于'中'，'大'是'中'的修饰语。不过，先秦诸子、儒学著作和佛教著作都讲'中'，其中的具体含义并不一样。就'中'的基本含义而言，它既可以训正，即

---

[1] 崔大华：《儒学引论》，人民出版社2001年版，第409—410页。
[2] 柳宗元：《寄许京兆孟容书》，《柳宗元集》，中华书局1979年版，第780页。

不偏不倚、无过无不及的中正;又可训当,即适当、恰当之意。这两者都只表示一种完美状态和理想境界;究竟是怎样一种完美状态和理想境界,也就是'中'或'大中'的具体含义,则随使用者而有差异。"[1]所以,柳宗元认为道德修养应当在"笃其道"上下功夫。柳宗元指出了不能由"大中之道"所出现的三种弊端:"迂回茫洋而不知其适"——表面上言本儒术,但目的不明确,终不知所云;"不能从容"——对于儒家思想不能灵活掌握运用;"好怪妄言,推引天神"——迷信天命鬼神。最终的结果只能导致儒道不明于天下。柳宗元把"大中之道"作为儒学的核心与精髓,如他说:"圣人之为教,立中道以示于后,曰仁、曰义、曰礼、曰智、曰信,谓之五常。"[2]柳宗元的"大中之道"不仅与"中庸"可以互训,实质上,在柳宗元的思想中,"大中"与"中和""中正""时中"等意义并无本质的区别。柳宗元强调人们必须正确把握和处理好经与权的关系,最终达到"当"。"当"在汉语里的解释是"合宜"的意思,就是不偏不倚,恰到好处,也就是"和"的意思,亦即"大中之道"。柳宗元还指出"大中"也就是"和",还体现于刚柔和谐、宽猛相济。刚柔同在于人,应根据外界客观情况的变化而变化,恒久不变的刚或柔,都是"过"或"不及",都是不符合"中道"的。柳宗元指出:"纯柔纯弱兮,必削必薄;纯而刚强兮,必丧必亡。韬义于中,服和于躬。和以义宣,刚以

---

[1] 刘光裕:《柳宗元与儒学革新》,《孔子研究》1994年第3期,第75页。
[2] 柳宗元:《时令论下》,《柳宗元集》,中华书局1979年版,第89页。

柔通。守而不迁兮，变而无穷。交得其宜兮，乃获其终。"意思是说，单纯的柔弱，必然会变得越来越柔弱；单纯的刚强，只能是快速丧失和灭亡。只有身体力行去坚持中、力行和，才能有最好的结果。只有和，才能实现柔弱与刚强的辩证统一，所以，君子圣人的使命，就是致中和，所谓"本正生和探厥中"[1]。张铁夫指出："在这里，他把人们思想和行为的方法，分成刚和柔两种类型。认为在纷繁复杂的社会和政治事务中，经常不变地使用一种刚的方法或者柔的方法，都是行不通的。而必须根据当时的客观情况和具体要求，灵活运用，随时变化，当刚则刚，当柔则柔；或者刚以通柔，柔用刚济，才能使自己的思想和行为保持在一种适宜的状态。只有这样，才符合中道的方法，才可以称为君子。这就是灵活性。"[2]

柳宗元阐发"和"的思想，已经开始把"和"与人的本性结合在一起，开启了宋明理学从新兴角度探讨、阐发"和"思想的理论先河。

三、李翱：《复性书》论和

李翱（772—841），字习之，唐代后期著名的思想家、文学家，曾师从韩愈，其著作有《李文公集》。李翱的思想体系主要

---

1 柳宗元：《佩韦赋》，《柳宗元集》，中华书局1979年版，第41页。
2 张铁夫：《柳宗元新论》，湖南大学出版社2005年版，第95页。

是阐发《中庸》的"性命之道",因此其"和"思想也主要是在阐发《中庸》的"性命之道"中展开的,"以性制情"是其"和"思想的中心。

李翱著有《复性论》三篇,其初衷是为排佛而崇儒,但同时他的思想又深受佛道影响。李翱关于人性的认识,在继承思孟人性论的基础上,又吸收融合了佛道两家的性情理论及修养方法。而李翱的人性思想,也可以说是对韩愈思想"接着讲"的。李翱认为性是善的,情是恶的。李翱的伦理道德思想,就是以他对人性的认识为基本出发点的。他认为之所以会产生圣人与凡人的区别,根本原因就在于凡人容易被情所困。所谓:"人之所以为圣人者,性也;人之所以惑其性者,情也。喜、怒、哀、惧、爱、恶、欲七者,皆情之所为也。情既昏,性斯匿矣。"就像泥沙使水浑浊,烟气使火不明光一样,由于七情的循环交替的作用,人之善性不能充盈。在此认识的基础上,李翱提出了"复性"主张,就是恢复人的先天的善性。对于性情关系,李翱也认为两者是不能完全剥离的,性与情的关系是,性决定情,情又可以表现性。既然性与情不可分离,那么,"复其性者,贤人循之而不已",就能恢复先天善性。李翱指出:"性与情不相无也。虽然,无性则情无所生矣。是情由性而生,情不自情,因性而情;性不自性,由情以明。性者,天之命也,圣人得之而不惑也。情者,性之动也,百姓溺之而不能知其本也。"[1]性与情的关系是,性决定情,情又可

---

[1] 李翱:《复性书上》,《全唐文》卷六三七,中华书局1983年版,第6433页。

以表现性。既然性与情不可分离，那么，人们的"择善固执"的修养工夫，就显得特别重要了。圣人之性与凡人之性，本是没有差异的。之所以说凡、圣的区别，就在于圣人在情、欲烦扰时，能够"寂然不动""发而中节""参乎天地""合乎阴阳"，因之是善性；凡人则不然，往往是"肆其心之所为"，因情而困，情使其心灵失所。

李翱特别强调了礼乐中和在"复性"中的作用，认为圣人由于固守本性之善，所以能够承担教化任务。他指出："圣人知人之性善，可以循之不息而至于圣也，故制礼以节之，作乐以和之。安于和乐，乐之本也，动而中礼，礼之本也。……视听言行，循礼而动，所以教人忘嗜欲而归性命之道也。"[1]所以，一般认为，李翱从价值观上总体看是儒家，但他似乎又把儒家的圣人与佛陀的普度众生融合，同时还有道家的超越，对宋明时期的心性理论、圣人气象都产生了一定影响。

---

[1] 李翱：《复性书上》，《全唐文》卷六三七，中华书局1983年版，第6434页。

第八章

和在宋代形而上的发展

英国史学家汤因比曾经说过,如果可以选择的话,他更愿意活在中国的宋朝。中国著名的文化学者余秋雨也曾经说,最向往的是中国的宋朝。近世严复对宋代在中国文化心理积淀方面所起到的作用予以充分的肯定,认为宋代在中国历史文化上起到了承前启后的转折作用。但是,也有人喜欢用"积弱积贫"来形容宋代,这真是一个颇有意思的问题。"和"思想在宋代得到了进一步的丰富和发展,并且具有了形而上的依据。

宋太祖赵匡胤"杯酒释兵权"奠定一代和风。尽管众说纷纭,但人们普遍关注到,有宋一代,没有内乱发生,对外也主要采取和平邦交。最后,却因为对金、对蒙古的不和平态度而亡国。

一、宋初思想家论和

在学界,宋初就开始了对于和的探讨。宋初三先生(胡瑗、孙复、石介）以讲学为其主要的复兴儒学的途径，以"讲明六经"为己任，开宋代理学之风气，但他们的学说还没有形成一套系统的理论体系，其对于"和"范畴的认识，也基本上是延续了隋唐儒学有关"大中之道"的阐发。

宋初三先生之一的胡瑗（993—1059），主治《易》学与《洪范》学。其最大的贡献，当在于他在长期的收徒授业过程中所提出的"苏湖教法"。其方法一反魏晋以来的只重辞赋、注疏而忽略经典的义理研究的学风，而将"经义"与"治事"相结合。胡瑗认为天下得以治理的关键在于人才，而成天下之才的关键在于教化，教化的关键在于学校。"和"是胡瑗所教弟子的一个重要内容。胡瑗的教育宗旨是培养"明体达用"的人才，简单地说，就是培养那种能够根据儒家经典的精神实质来治理社会的人才。"和"与"中"具有同等重要的地位。胡瑗说："学者欲明治道，讲之于中。"（《宋元学案·安定学案》）胡瑗主要是发展了唐代以来儒家的"大中之道"，他在《洪范口义》中说："然则谓之中道者如何？如王者由五常之性取中而后行者也。""取中而后行"具有方法论的意义，表明行中是达致和谐的重要途径。

石介（1005—1045）与胡瑗一样，也是以恢复儒学的"道统"为己任。在石介看来，圣人之道是"大中至正"，是最为完美的，也是万世不可变易的。石介的中和思想，主要是对于《中庸》思想的发挥，"其基本的理论模式仍然是先把封建纲常伦理扩大为宇宙的法则，再以宇宙的法则反过来论证纲常伦理的神圣性"[1]。石介说："和，谓之至道；中和，谓之至德。中和，天下之理得矣。"（《徂徕集·上颍州蔡侍郎书》）就指出，和是至道，中和是至德。能够做到中和，就是寻求到了天下最大的理。中和既是宇宙法则，也是人间不可移易之理，即是"道"。对于中和的内涵，石介则沿用了《中庸》中的解释。这个"道"体现在人间的现实政治上，那就表现为纲常伦理道德的神圣性。故君臣之有礼、父子之有序、夫妇之有伦、男女之有别、衣服之有上下、饮食之有贵贱、土地之有多少、宫室之有高卑、师友之有位、尊卑之有定、昏冠之有时、丧祭之有经，都是不可改变和僭越的。因为这是万世不可更改变异之常道，也是维护社会和谐的根本。

李觏（1009—1059），字泰伯，北宋初期著名的思想家、教育家。李觏也是宋初儒学复兴的一个重要人物，他一生主要着力于研究儒家的"礼论"，其主要著作有《礼论》《周礼致太平论》《庆历民言》等。李觏思想的特点就在于他试图通过维护儒家的礼制，来恢复儒家的"道统"。李觏继承了先秦儒家的礼乐教化思想，但在具体的论述上，似乎有所区别。在先秦时期的"礼别异，乐和同"的基础上，李觏认为礼乐教化的作用，应当是体现为辩证的统一，是相辅相成又密不可分的。李觏关于"和"范畴的思想，就体现在他的礼乐教化主张之中。李觏是从社会的现实需要

---

[1] 侯外庐、邱汉生、张岂之主编：《宋明理学史》，人民出版社1997年版，第43页。

出发发表的上述观点。但从总体上看,李觏关于"乐"的作用的思想,实质上与先秦儒家并无本质的区分,仍然认为音乐的功能还是在于实现"和"。而最明显的特征,就是李觏的和论直接继承"礼之用,和为贵"的思想。李觏认为:"圣人……或为歌诗,或被于金石丝竹、匏土革木之器,爰及干戚羽旄,以导人之和心,以舞人之手足。小大有所,终始有经,倡和有秩,节奏有差。诎伸俯仰,必有齐也;缀兆行列,必有正也。宫轩特悬,各当其位;四六八羽,各昭其数。以范五行,以调八风,以均百度,以象德行,以明功业,以观政治,以和人神。此礼之一支,乐著矣。"(《李觏集·礼论第二》)李觏继承了孔子"知乐则几于礼"(《礼记·乐记》)的一贯主张,认为"乐"是维护礼并为礼服务的。李觏指出:"人之和必有发也,于是因其发而节。和久必怠也,于是率其怠而行之。率而不从也,于是罚其不从以威之。是三者,礼之大用也,同出于礼而辅于礼者也。不别不异,不足以大行于世。是故节其和者,命之曰乐;行其怠者,命之曰政;威其不从者,命之曰刑。此礼之三支也。"(《李觏集·礼论第一》)并且把和与乐、和与政、和与刑作为一个有机的统一体加以重视,这与荀子的思想又颇为接近。胡适在评价李觏时,曾称他为"两宋哲学的开山大师",肯定了李觏在宋代思想史上的地位。

范仲淹(989—1052),字希文,是北宋初年著名的改革家和思想家,曾历任地方官和谏官,也是庆历新政的主要领导者,主要著作有《易义》《四德说》《易兼三材赋》《穷神知化赋》等等。

他主要是从改革政治的角度来论述"和"的。

范仲淹作为一位政治思想家,其主要目的是革除弊政,他依据《周易》的"变通"思想,提出了"思其道则变而通之"的思想主张。范仲淹非常推崇《周易》,所以《周易》就成了范仲淹政治主张的理论基础。他认为要实现和谐的政治局面,就必须宽猛结合,范仲淹把为政的宽与猛比喻为水与火,"施之无穷,和而不同",宽与猛就像水与火,既不相容,但又相资相辅,二者缺一不可。在范仲淹看来,正是矛盾双方的和谐统一,才成就了这种秩序性,从而就为封建的纲常伦理找到了理论根据。睽而后合,睽而后成,变中有常。但有一点是不能改变的,那就是人间的尊卑秩序。

范仲淹有关"和"范畴的认识,都包含在他的政治理想当中,他在中国思想史上的影响是深远的,尤其是他那"先天下之忧而忧,后天下之乐而乐"的高尚情操,激励了一代又一代的仁人志士,他被朱熹赞为"天地间第一流人物",也是有道理的。

王安石(1021—1086),字介甫,北宋著名的政治家、思想家、文学家,在中国历史上以推行新法而闻名,有著名的"王安石变法"。他所创立和领导的学派,被称为"荆公新学"。代表王安石伦理思想的主要著述有《礼论》《礼乐论》《性情》《性说》等。王安石关于"和"范畴的学说,建立于他的"性情一"的人性论的基础之上。

王安石不同意历史上所有的对于性情善恶问题的论争，提出了自己关于性情问题的主张。他认为，性与情是不可混淆的，但两者又是一致而密不可分的。性是未发之情，情是已发之性。性与情是互为表里的，性是情之本，情是性之用。这种观点从根本上已经区别于孟子的性善论以及荀子的性恶论。王安石认为，喜怒哀乐等情感是人"生而有之"的，如果这些情感"发于外者为外物之所累"，就会"入于恶"；如果"发于外者为外物之所感"，那么就会"入于善"。人的情感本能存于心而未发之时，任何人都是看不见、摸不着的，也就无所谓善恶；当这些情感本能接触到外界事物，在人的行为上就会有所表现，这就是情。情有"当"与"不当"的区别。人性是感性的，同时更是理性的，这是人与动物的区别所在。所以，先王知晓这个道理，体天下之性而为之礼，和天下之性而为之乐。从对性情关系的论述，有逻辑地引导出了礼乐与人性的关系。又说："大礼，性之中；大乐，性之和。中和之情通乎神明。"（《临川文集·礼乐论》）王安石论述礼乐的作用与以往思想家的观点不同，礼和乐都直接作用于"性"，他的"内求"的理路，对后来的理学家产生了较大的影响。

　　王安石作为一代有为的政治家，还把"和"作为一项重要的政治伦理运用于现实政治。鉴于北宋王朝所面临的深刻的政治危机，他力主"变风俗，立法度"，而改革的目的就是要使失和的社会状态恢复到稳定的和谐状态。王安石说："三十年为一世，则其所因，必有革。革之要，不失中而已。"(《周官新义·考工记》)"不失中"就是和。王安石认为，道德的具体内容是随着时代的变迁而变化的，而天下和谐稳定的关键因素在于最高当政者。怎样才能实现中和之政呢？王安石认为关键在于最高当政者。他说："执常以事君者，臣道也；执权以御臣者，君道也；三德者，君道也。……三德者，君之所独任而臣民不得僭焉者也。"(《临川文集·洪范传》)只有保证君权的天经地义的权威，才能实现礼中乐和。"礼者，天下之中经；乐者，天下之中和。"(《临川文集·礼乐论》)君和天下和，君安天下安，最高当政者也就是实现中和政治的最高主体。

二、司马光《中和论》与和

司马光（1019—1086），字君实，北宋著名的思想家、政治家、史学家，历任苏州判官、并州通判、天章阁待制侍讲、龙图阁直学士、翰林学士兼侍读学士、尚书左仆射兼门下侍郎等职。身为朝廷重臣，他深深感受到了北宋王朝所面临的各方面的危机，如政治上的内忧外患与意识形态上儒学信仰的危机。司马光是王安石变法的反对派，他甚至在执掌相权的时候，将王安石新法全部废除。但这并不意味着他反对革除弊政，只是他所采取的方法不同。为了总结历史的经验教训，以史为鉴，为当政者提供治世安邦的政治理论指导，他花费了十九年的时间和精力，写成了长篇巨著——《资治通鉴》，在中国政治思想史上产生了深远影响。另外，他还有许多著名的论著。现有资料表明，司马光是宋代较早对《中庸》进行研究的人，也有学者称其为宋代第一个对《中庸》进行研究的人。其中，《潜虚》《易说》《中和论》《扬子〈法言〉注》以及与诸友间讨论"中和"问题的许多书信往来，比较集中地反映了司马光对于"和"的认识。

在司马光看来，"和"（中和）既是天地万物存在的依据，也是万物形成和发展的规律所在。司马光指出："中和之道，崇深闳远，无所不周，无所不容。人从之者，如鸟兽依林；去之者，如鱼虾出水。得失在此。"（《传家集·与范景仁论中和书》）因此，对于"和"范畴的关注，从某种意义上可以说，正是司马光伦理思想的精髓之所在。司马光论"和"也遵循了传统的天道—人道—天人之际的逻辑顺序。在宇宙万物之化生的问题上，司马光指出："易有太极，一之谓也。分而为阴阳，阴阳之间，必有中和。"（《易说·系辞上》）在《道德真经论》之卷三也指出："自无入有，分阴分阳，济以中和。……万物莫不以阴阳为体，以冲气为用。"可见，司马光关于宇宙之化生的理论，从总体上说，是延续了《周易》《老子》的学说。但这并不是司马光的终极目的，他论述或阐发《周易》《老子》的阴阳之道，完全是为了以中和之道来为论证现实社会的纲常伦理与秩序的合理性服务的。换句话说，中和之道既是宇宙规律也是人间法则。司马光指出："夫和者，大则天地，中则帝王，下则匹夫，细则昆虫草木，皆不可须臾离者也。"[1] 和,作为一项基本法则,上至天地,中至帝王,下至一介匹夫,最小到昆虫草木,都是不能违背的。司马光的《传家集》中,收录了许多司马光的有关"中和"的论述,他在与好友的书信往来中,也大谈他的中和思想。这其中最为著名的是司马光与其好友范镇之间所进行的一场关于中和问题的论争。

据史书记载,司马光与范镇是一对密友,在北宋中期,两人围绕着对中和问题的不同认识展开了一场争论,两人往来投书二十余次。司马光写有《与范景仁论中和书》《与范景仁再论中和书》等。范镇在《景仁答中和书》中坚持认为,能够"致中和"是"在位者"的本分,而非一般人所能企及。司马光说:"一阴一阳之为道,然变而通之,未始不由乎中和也。阴阳之道,在天为寒燠雨旸,在国为礼乐刑赏,在心为刚柔缓急,在身为饥饱寒热,此皆天人之所以存,日用而不可免者也。……善为之者,损其有余,益其不足;抑其太过,举其不及。大要归诸中和而已矣。故阴阳者,弓矢也;中和者,质的也。弓矢不可偏废而质的不可远离。"(《传家集·答李大卿孝基书》)这是司马光在给其好友李孝基的一封信中所提出的对于中和的基本认识。

司马光强调中和之道的普遍性与绝对性,更把它普及于养生,与修心、治心结合起来,认为养生与养德应体现为一种辩证统一的关系。司马光认为,只有中和之道才是真正的养生之道。"动静

---

[1] 司马光:《与范景仁论中和书》,《传家集》卷六十二(四库全书荟要第28册),世界书局1988年版,第595页。

云为，无过与不及也。"(《传家集·答李大卿孝基书》)可以说，司马光所说的中和与儒家传统的"中""中庸"以及"中正"等范畴的内涵基本吻合。从传统中医的养生学的角度论，司马光所强调的人自身的中和与自然界的中和的有机统一，是很有道理的。其学说的积极意义还在于，他所强调的人的健康与否，完全取决于人是否行中和之道。另外，司马光在与其他友人的书信往来中，也反复申明中和之道之于养生的重要意义。司马光认为，人依赖于天地中和之气而生，如果在吃饭穿衣问题上不加以节制，或者极热极寒，或者天天以药攻之，那人体的中和之气就无法得以保存，人体能否健康可想而知。

司马光讲"和"当然不止于谈论养生。司马光承认在一切事物中都存在着矛盾与对立的双方，而且这种矛盾的双方既互相对立，又互相作用，从而达到交融与和谐，这便是中和。而这种中和状态，正是天地间万事万物生存和发展的最根本的原因。司马光认为，所谓中和之道就是人们都应该遵循儒家的伦常道德。道德仁义是"人道之常"，礼是中和之法，仁是中和之行。遵守伦常道德，就是要求人们各司其职、各守其分，来实现社会的安宁和谐与长治久安。司马光认为，"人心和悦"是天下和谐的根本，所谓"人心和悦，则天道无不顺"。所以，司马光强调"乐以中和为本""政以中和为美""刑以中和为贵"。

怎样才能达致中和呢？"治方寸"是司马光所强调的致和工夫。学界一般认定是司马光开宋明理学尊奉"十六字心传"之先河。司马光提出了"中和一物"且"养之为中，发之为和"的观点，在"治心"以致中和的思维模式下，从对人性的基本认识出发，认为无论是圣人还是愚人、一般人的人性都是善恶并存的，所以每个人都存在着通过学习以致中和的可能性。在司马光看来，"从容中道"是一种理想的人格境界，但如果希望"不学""不思"，恐怕是难以做到的，即使圣人也不能例外。

从以上论述可以看出，司马光在"和"范畴发展史上，具有承上启下的作用，他继承了先秦以来儒家有关中和思想的精华，而且司马光论述中和思想，从人们最为关切的自身的健康谈起，把"和"的思想引入人们的现实的生活状态，那样贴近人伦日用，使中和思想成为一种人人都关心的生存法则。其中和思想的启下作用，则主要表现在他的"治方寸"主张，直接启迪了宋明心性学说中的"和"范畴的发展路向。

三、周敦颐：和为天下之达道

周敦颐（1017—1073），字茂叔，世称濂溪先生，其学派被称为濂溪学派。《宋史·道学传》列周敦颐为"道学"之首，肯定了他在宋代道学发展史上开山祖的地位。在《太极图说》以及《通书》等论著中，周敦颐在其心性义理的逻辑架构中，阐明了他的"和"的思想。

周敦颐有流传千古的《爱莲说》："水陆草木之花，可爱者甚蕃。晋陶渊明独爱菊；自李唐以来，世人甚爱牡丹。予独爱莲之出淤泥而不染，濯清涟而不妖，中通外直，不蔓不枝，香远益清，亭亭净植，可远观而不可亵玩焉。予谓菊，花之隐逸者也；牡丹，花之富贵者也；莲，花之君子者也。噫！菊之爱，陶后鲜有闻；莲之爱，同予者何人？牡丹之爱，宜乎众矣！"[1]对于周敦颐的《爱莲说》，学者们大多是围绕着佛教思想对周敦颐的影响而展开的，不能说没道理。但我更愿意从这样一个角度来理解周敦颐：他是在借莲明志，表明了君子应当超越世俗，超越现实的贫贱富贵，像莲一样，出淤泥而不染，真正实现心灵的充实、平静与快乐，即"孔颜之乐"。

  周敦颐的宇宙模式论是从《周易》发展而来的，在天道—人道的总体架构下，他提出的宇宙发展图式是无极—太极—阴阳—五行—万物。在宇宙间万物化生的问题上，他沿用的是《周易》的思想，阐明了阴阳五行交和作用而产生天地万物的认识。有学者分析指出："周敦颐在建立宇宙论体系时，以'无极'作为宇宙的最终本原，正是考虑到'无极'作为一种无限性与无形无象的规定性，这种规定性使得人们要在'无极'之外寻求其他本原成为不可能。"[2]尽管周敦颐引入了道家的"无极"概念，但在宇宙间万物化生的问题上，他仍然沿用了《周易》的思想，明了阴阳五

---

[1] 周敦颐著，梁绍辉、徐荪铭点校：《周敦颐集·爱莲说》，岳麓书社2007年版，第120页。

[2] 朱汉民等著：《中国学术史》宋元卷上，江西教育出版社2000年版，第69页。

行交和作用而产生天地万物的认识。

周敦颐的宇宙模式论是其人生哲学的一种逻辑前提，即如他所说的，是为"立人极"服务的。所谓的"人极"就是理想人格，周敦颐所标榜的理想人格是"圣人"。什么样的人格才符合理想人格呢？周敦颐认为，圣人之道就是仁义中正，中正就是中和。周敦颐非常注重"诚"，他认为"诚"是人与生俱来的一种善性。周敦颐关于"诚"的学说，显然是从《中庸》与《孟子》那里继承而来的。周敦颐的创新之处则在于他把思孟学派的既是"天之道"又是"人之道"的"诚"，纳入《易》理当中。在周敦颐看来，如果能够"以诚为本"，人的行为就能自觉地合乎中正仁义之道。他的解释是，中就是和，就是中节，是为天下之达道也，也是圣人能够做到的事。周敦颐指出："刚善，为义、为直、为严毅、为干固；恶，为猛、为隘、为强梁。柔善，为慈、为顺、为巽；恶，为懦弱、为无断、为邪佞。……惟中也者，和也，中节也，天下之达道也，圣人之事也。……故圣人立教，俾人自易其恶，自至其中而止矣。"(《周元公集·通书·师》)所以，圣人立教，就是使人自易其恶，自然达到和而中节的状态。

周敦颐在中国人性论发展史上，首次将"中"与人性连在一起，他的"以中言性"，明确以中和为一，并且将"中"置于人性的核心位置，圣人所要达到的就是"中"的境界，所谓"自至其中而止"。怎样才能使人性实现"中"的状态呢？周敦颐认为，通过学习和努力加强个人修养是可以达到的。学做圣人，首先要能够做到"一","一"就是没有任何杂念。只有做到"一",才能使内心达到"虚"的境界。这就要求人们必须最大程度地排除心中的欲念。有一点需要说明的是,尽管周敦颐主张"无欲故静",但他并不主张灭绝人欲。他所说的"无欲"只是对人的欲望的一种有效控制。周敦颐在强调主体的自身修养以达致中和的同时,还特别强调道德教化以实现"和"的重要作用。周敦颐认为,圣人能够以仁化育万物,以义端正万民。周敦颐礼乐并重,主张以礼来规范天下,以乐来调节人心,从而达到天下的和谐统一。在谈到礼乐之于天下和谐的关系时,周敦颐指出:"礼,理也;乐,和也。……阴阳理而后和。君君、臣臣、父父、子子、兄兄、弟弟、夫夫、妇妇,万物各得其理然后和,故礼先而乐后。"(《周元公集·通书·礼乐》)"古者,圣王制礼法,修教化,三纲正,九畴叙,百姓太和,万物咸若,……乃作乐以宣八风之气,以平天下之情。"(《周元公集·通书·乐上》)周敦颐认为治家要难于治天下,所以,他提出治家的关键在于"和亲而已"。只有心诚、家治然后天下可平。

有的学者根据周敦颐的"礼先而乐后"的说法,认为在周敦颐那里,乐已经完全变成了礼的附庸,而成了可有可无的了,因为礼已经完全包容了乐的功能。事实上,周敦颐还是十分强调"乐"的社会功能的。周敦颐在《通书》中运用了大量的篇幅来专门讨论音乐问题,认为音乐和政治是息息相关的。在周敦颐看来,平和的音乐,能够使人心平气和,并能使私欲得到抑制。政善才能民安,民安则天下之心和。圣人作乐,就是为了宣畅天下和心,直达于天地,天地之气,感应而太和。天地和顺,则万物和顺,万神扶佑,甚至鸟兽也都驯服。

周敦颐于理学有开山之功,也使"和"范畴开始理学化,标志着和与中一,同时作为"致中"的手段,而融入了理学的发展历程。

四、张载:气本论基础上的和

张载(1020—1077),字子厚,北宋时期著名的理学家,学者称其为"横渠先生",因讲学于关中,而从学者甚众,形成了一个以张载为核心的学派,被称为"关学"。张载一生著述颇丰,主要有《正蒙》《横渠易说》《经学理窟》《张子语录》等。张载继承了中国古代气一元论的朴素唯物主义,提出了"太虚即气"的宇宙本体论学说,以"气"为宇宙的本原和本体,他的"和"思想的阐发,也完全建基于这种理论基础之上。可以说,张载是宋明理学家中讲"和"最多,而且"和"思想极为丰富的代表人物。

张载曾经潜心研习佛、老,这为在批判佛、老学说的基础上,为儒家建立一套系统的"性与天道"理论体系打下了坚实的理论基础。张载吸收了先秦《易传》以及汉唐以来的"气"的概念,为儒家的伦理思想体系提供形而上的宇宙论的支撑。"太虚即气"的命题,就是在这样的情况下提出来的。在张载看来,"气"的存在状况无非有"聚"和"散"两种状态,"聚"的形态表现为有形的万物，"散"则为"太虚"。正是有形的万物与无形的"气"构成了整个世界。而张载同时指出，他所说的"太虚"与佛老所谓的空无是完全不同的。太虚和万物都是气的不同运动变化的表现形态。"气"为宇宙本原，而太虚则是气的本始状态。也就是说，宇宙间万事万物的变化，都离不开"气"，而且这个"气"是物质的，他在时间和空间上都是永恒存在的。气作为构成万物的本原，它是运动和变化着的，因而常常表现为存在状态的变化，而不是不存在。太虚之气的变化是一个包含着阴阳动静之对立统一属性的变化，而且这一变化处于永不停息之中。这种变化是有规律的，即阴阳两端的循环往复的变化，才是天地之大义。"二端"在张载的学说中，有时也称为"二体"。张载所说的"一物两体"是指一切事物的内部都包含着对立的两个方面。而正是这种对立的规定，构成了事物完整的统一体；"一故神，两故化"，意思是说，太虚的运动变化，有一种内在的、神秘的力量，即"神"。而对立统一的辩证关系，则是事物发生变化的内在根源。只有对立面不断地互相作用，才会使变化无穷无尽。张载把气的相互作用及其运动变化的规律和状况，也就是"太虚"的全体，叫"太和"。

"太和"源自《周易》，见《周易·乾卦·彖》："乾道变化，各正性命，保合太和，乃利贞。"在《周易》中，"太和"指的是阴阳中和之气。张载在他的本体论学说中，发展了《周易》的"太和"观念。在张载看来，"太虚"之气的阴阳两端包含的范围，似乎是更大了，它涵盖了所有的虚与实、动与静、聚与散等对立统一,它更是差别性与不平衡性的综合。具体的万事万物,也同样如此。以张载之见,无论是阴阳之气的"氤氲相揉",还是人世间的男女相处,都得益于"感"的合异之功。张载还提出了"两端"的相互转化,这就有了张载影响千古的"仇必和而解"的命题。他说:"气本之虚,则湛一无形;感而生,则聚而有象。有象斯有对,对必反其为;有反斯有仇,仇必和而解。"[1]传统的解释认为,张载所说的"仇必和而解",是在提倡"矛盾调和论",否认矛盾的存在,这是一种误读。虽如前文所分析的,"太和"是宇宙之理想的和谐状态,但由于其"中涵浮沉、升降、动静、相感之性,是生氤氲、相荡、胜负、屈伸之始",就会产生矛盾与冲突。"和而解"并不是说矛盾着的双方同归于尽,只是对立着的"两端"主导地位的转换。当然,占主导地位的一方,不可能将对方完全消灭,对立着的双方的统一体,正是在这样的条件下,达成相对的和谐与稳定。这才是"太和所谓道"的真实内涵。张载正是从"一物两体"的内在的辩证关系上,揭示了中和之道的内在性与必然性。

当和体现于人性修养,气本论则成了张载的理论依据。在张载看来,源于"太虚之性"的人性是"无不善"的,张载将此"性"称为"天地之性"。既然"天地之性"属于"无不善",那为什么人却有善恶之别呢?张载将因禀气不同而产生的人性,称

---

[1] 张载:《正蒙·太和》,《张子全书》卷二(四库备要子部56册),中华书局1989年版,第13页。

为"气质之性"。有时也称"气质之性"为"习俗之气"或者"攻取之性"。正是因为"气"有刚柔、清浊、缓急之分,所以,人所受阴阳之气也有"宽褊昏明"之分,人性就有了善恶之别。可见,张载是以气质之性作为其道德实践的理论基础的,道德修养就是"变化气质"。张载引用孟子的话,"居移气,养移体",强调如果处于仁之氛围中,行为也能按照"义"去做,就能达到"心和体正",一旦动作皆合于礼,"气质自然全好",从而使"心"达到一种"和乐"境界。张载说:"君子心和则气和,心正则气正。"[1]因为"心统性情",所以张载认为"和心"首先应是"大心""弘心""中正之心"。"无我"是实现"心统性情"的关键。"无我"才能避免陷于狭隘,才能做到"宽而敬"。

在阐发《中庸》的"中和"学说时,"发而中节"的情就是善性的体现。而要实现这一点,必须以"和心"为前提:"和,平也。和其心以备顾对,不可循其喜怒好恶。"[2]"和心"即是将喜怒哀乐控制在"中节"程度,所以"和心"对于善德具有决定性的意义。同时,失"中"以谈仁,则失去了"崇其德"的根基。

张载的大和境界体现在其"民胞物与"的提出。张载有时将"尽心""存性"之知,称为"大心"之知。这是张载所追求的最

---

[1] 张载:《经学理窟·气质》,《张子全书》卷六(四库备要子部 56 册),中华书局 1989 年版,第 44 页。

[2] 张载:《性理拾遗》,《张子全书》卷十四(四库备要子部 56 册),中华书局 1989 年版,第 132 页。

高的人生境界。在张载看来,只有达到这种境界的人,才能真正体验到天人合一,从而把自己看成整个宇宙的一个组成部分,宇宙万物都与自己息息相关。张载的天人和谐思想,主要体现于他的《西铭》一文,文中指出:"乾称父,坤称母,予兹藐焉,乃混然中处。故天地之塞,吾其体;天地之帅,吾其性。民,吾同胞;物,吾与也。大君者,吾父母宗子;其大臣,宗子之家相也。尊高年,所以长其长;慈孤弱,所以幼吾幼。圣,合其德;贤,其秀也。凡天下之疲癃、残疾、惸独、鳏寡,皆吾兄弟之颠连而无告者也。于时保之,子之翼也。乐且不忧,纯乎孝者也。违曰悖德,害仁曰贼;济恶者不才,其践形,惟肖者也。知化则善述其事,穷神则善继其志。……富贵福泽,将厚吾之生也。贫贱忧戚,庸玉汝于成也。存,吾顺事。没,吾宁也。"[1]可见,张载建立于"太虚即气"的气本论基础上的"天人合一"论,显然是对先秦儒家的"大同"思想的继承和发展,从而使儒家的关于社会理想的人道理论,更有了形而上的理论依据。

张载曾提出了著名的"横渠四句",即"为天地立心,为生民立道,为往圣继绝学,为万世开太平",在中国历史上产生了深远的影响,所谓"继绝学",就是张载立志要恢复和发展孔孟儒家思想。在对于"和"范畴的阐发上,张载的确做到了这一点。冯友兰曾评价道:"《西铭》所讲的是一种精神境界,也是一种生活方式。这种生活方式,不需要道教所讲的'长生',也不需要佛教所

---

[1] 张载:《西铭》,《张子全书》卷一(四库备要子部56册),中华书局1989年版,第3页。

讲的'无生',它只要求在不足百年的有生之年,人尽其作为宇宙的成员和社会成员所应负的责任和义务。责任和义务虽有两重,但人并不需要做两种事。"[1]这便是儒教所讲的"乐生"。

五、二程:天理本然意义上的和

二程,指的是程颢、程颐二兄弟。他们是北宋时期著名的理学家,也是北宋时期著名的教育思想家。程颢(1032—1085),字伯淳,世称明道先生。程颐(1033—1107),字正叔,世称伊川先生。因其兄弟长期讲学于洛阳,所以其学派被称为"洛学"。"洛学"是一个以"天理"为最高范畴,而且融本体论、人性论、修身论以及认识论、伦理观为一体的理论体系。二程曾师从周敦颐,与张载过往甚密,所以,他们的"和"思想深受周、张二位的影响,共同成为宋代理学的重要代表人物。大家所熟知的"程门立雪"典故,讲的就是程颐的弟子杨时诚敬尊师的故事。

在二程看来,世间的万事万物都有各自的理,同时,万事万物又拥有一个共同的理,就是"天理"。"天理"是宇宙之本原与创造者,它不为尧存,不为桀亡,是永恒不变的绝对。它也是气之所本。二程认为,"万物皆只是一个天理"。在二程的思想体系中,"天理"既是宇宙之法则、规律,也是人类社会的伦理道德的

---

[1] 冯友兰:《中国哲学史新编》第五册,人民出版社1988年版,第138页。

最高法则。不仅如此,"天理"还支配着世间的秩序与变化。这样,在周敦颐、邵雍、张载那里没有得到解决的问题,在二程这里得到了解决。就是说,二程通过将"天"与"理"的统一,从而实现了"天"与"道"的贯通。从此,"天理"便成为儒家的最高的形而上的存在。二程还以"天理"来解释人性,认为人性也是天理的体现。二程继承了孟子的性善论学说,将人性区分为"天命之性"与"气禀之性"。人有善恶之分,则是气禀不同而造成的。二程建立起了一个"体用一源,显微无间"的天理系统下的人生哲学体系,其人格本体也从此树立起来。无疑,二程对于"和"范畴的阐发,也是建立于"天理"的基础上。按照现代学者的理解,二程所强调的"理一分殊"就体现了和谐与秩序的完美的统一。

二程对于和的认识,也是从"天理"的高度来进行的。二程指出,乾坤之理无所不在,阴阳交感成就和谐。这也是天地万物存在的本质所在。所谓"刚正而和顺,天之道也。化育之功所以不息者,刚正和顺而已。以此临人、临事、临天下,莫不大亨而得正也"[1]。天道生生与化育,都体现了刚正和顺之德,而作为"临人,临事,临天下"之人道的"仁",必然具备生生之理,也必然具备刚正和顺之德。仁者之乐正是体仁之乐,自然之理与人文价值之本在天理的统摄下的和谐,这又必须借助于"礼"与"乐"

---

[1] 《周易程氏传·临卦传》,《二程集》,中华书局1981年版,第794页。

的作用。二程强调"礼只是一个序,乐只是一个和",而且"礼是天地之序,乐是天地之和"。[1]意思是说,人类社会之礼乐,是因天地之礼乐而来。同时,礼与乐之于秩序与和谐的关系,则体现在二者相互作用而又相互制约。大至天地阴阳之化生,下至人伦之发挥,都是如此。二程对于儒家传统礼乐思想的发展,是试图从本体论的高度,来论证礼与乐的合理性。那么,人世间的人伦秩序也是天理之体现,在这个前提下,固守"礼乐"理所当然地成为"和"的必然前提。

在关于天地阴阳化生的问题上,二程认为宇宙万物的根本原理是阴阳之变易,所谓生生之谓易。二程对于"和"范畴的发展,不再是简单强化阴阳二气的"太和"作用,而是认识到了"同"与"异"的辩证统一的关系,认为只有在对立中寻求同一,才是阴阳二气"相交而和"的真谛所在。也就是说,二程所指认的和谐是一种动态的和谐,这是二程强调的变易之中的不易之理。一物与两体的不可分割,是二程所一贯强调的。总的来说,就是"盖天下无不二者,一与二相对待,生生之本也"(《周易程氏传·损卦传》)。乾坤之理无所不在,阴阳交感成就和谐。这也是天地万物之存在的本质所在。按照我们的理解,在二程有关"和"范畴的学说思想中,"和"往往与"中""中庸""中正"等是互相诠释的,又与"理"同义。

---

1 《河南程氏遗书》,《二程集》卷十八,中华书局1981年版,第225页。

二程延续并发展了唐代以来所探寻的中和之美。虽然二程奉《中庸》为"孔门传授心法",但二程认为"中"与"和"是不能混为一谈的。二者存在"体""用"之别,中是体而和是用。程颐在与吕大临等人的有关争论中,阐发了对《中庸》的"已发"与"未发"的认识。针对吕大临的"不倚之谓中,不杂之谓和"、以赤子之心为"中"的观点,程颐认为这种在"喜怒哀乐未发之前求中"的观点是不正确的,"中"是未发,不能在已发中求,当然也不能在未发中求。二程从理学的心性论出发,对此进行了解释。他们把中庸上升到天理的高度加以发挥,认为中庸即是天理,中庸乃高明至极。"中"是尺度,是"和"的标准,就是恰到好处,就是不偏不倚。这既是和谐的原则,也是和谐得以长久的依据。程颐以"涵养"作为致中和的工夫。如何"涵养"?程颐说:"涵养须用敬,进学在致知。"关于"敬",程颢说:"谓敬为和乐则不可,然敬须和乐。"说明"敬"自身就包含了心灵的安乐与自在。而程颐主要强调的则是心灵的恭尊与专注状态。简单地说,二程的"用敬"的过程,从本质上讲也就是一个自觉培养内心道德意识的过程。程颐还阐发了致和与致知的辩证统一的关系:致中和即是达天理。二程同时强调,"格物致知"是一个不断积累的过程,最终由知识的积累到情感的调节,再到心灵的体察,从而进入一个与"理一"的境界,也就是和的境界。在二程看来,能够体现与"理一"的只有圣人,二程认为,"大抵尽仁道者,即是圣人"。圣人是体现和的光辉典范。圣人是二程所设计的理想人格,圣人的喜怒哀乐等情感,完全符合于中和之道。意思就是说,社会的整体性的和谐,必须靠礼来进行有效的调节。

二程的"和"思想,在宋明理学史上具有重要影响,经由其后学游酢、杨时、谢良佐等人的发展,对朱熹的"和"思想产生了直接的影响。

六、朱熹:事事恰好处便是和

朱熹(1130—1200),字元晦,亦字仲晦,号晦庵,亦号晦翁、云谷老人、沧州病叟等,因长期生活在福建,又讲学于考亭,所以其学派被称为闽学,也称考亭学派。朱熹所涉及的学术领域比较广泛,其著述也十分丰富,多达100多种。朱熹是宋代理学的集大成者,也是中国思想史上最著名的思想家之一。朱熹继承和发展了二程的理学思想,所以人们往往将他们的理学思想并称程朱理学。在朱熹的思想发展历程中,有两次著名的"中和之悟",这应该说是和在宋代发展的两个里程碑。

朱熹曾师从二程的三传弟子李侗,得洛学之传。他在吸收前代理学家思想的基础上,又与同时代的思想家如张栻、吕祖谦以及陆氏兄弟的探讨与争论中,发展了儒家的中和思想。在"尊德性"与"道问学"的致思路向上,宋代产生了以朱熹和陆九渊为代表的分歧。朱熹强调后者,主张"格物致知",但更多的人是理解不了的,朱熹便进行深入浅出的教导。曾经有弟子问朱熹:"可格的事物千姿百态，种类无限，所要致的知也要有那么多吗？"朱熹说："不是的。程颐认为'万物皆备于我'，是因为人生本来有良知良能，可以与万物相当。天地有个心，人也有个心，天地之心和人的心其实是一个东西。如今天格上一物，到达天地之心而落实到自己的良知良能；明天又格上一物，到达天地之心而落实到自己的良知良能。时间长了，格的物多了，自己的良知良能就可以大部分甚至全部被开发出来，到了那个时候，就得到了知。"弟子说："听了先生一番教导，我明白了格物致知原来是一种极大的工夫，只格一物、二物是得不到真知的。"朱熹说："不错，但物总得一个个地格。杨龟山先生说：'学习开始于致知的愿望，完成于得知的成果，致知的手段是格物。天下的物，多得格不胜格，一个人的精力有限，不可能遍格万物。因此他格物的时候，绝不能让心思随物流动到十万八千里之外；要随时内向反省，才能越来越明白心里的良知而做到万物皆备于我'。"弟子问："致知就是致良知，我懂了。但是天下有千万人，每个人有一个良知。若是人人格物致知，得到良知，这良知不是太多了吗？会不会引起争论和混乱呢？"朱熹道："千万人有千万心，千万心所不同的，是它们的欲望；至于被这些欲望包在里面的良知，人人都是一样的，就是个'仁'字。因为天地、日月、宇宙都只是一个，它的大道也只有一个，这个大道到人的心里，就是个'仁'。所以通过格物致知逐步除去蒙在心上的人欲，'仁'就是良知，自然会显露出来。"弟子听了朱熹的话，仍然有些不明白，见案头上有一方新砚台，就请先生以砚台为例，做一次格物致知的示范。朱熹笑着说："好，就来格这个砚台。"他拿起砚台翻转过来叫弟子看，只见磨得镜面一样平的砚台底上有一个大螺壳印子。弟子奇怪地问："这样大的螺，一定是生活在海里的，怎么钻进石头里去了呢？"朱熹说："这就是了。砚石是从山上采来的，说明这山千万年前曾经是海底。这螺儿活着的时候，钻在海底的泥土里；海底上升变成山，泥土干硬变成石头，这螺不就到石头里了吗？到此，我们格物的工夫算是完成了，然后来致知：既然山、海那样看起来永恒的巨物，都可以互相变化；那么世界上还有什么是不能变的？所以，《诗经》里说'天命无常'。这个无常的天命感动到人的内心，就使人常处忧患，兢兢业业，小心翼翼，认真对待周围的一切，这就悟出了个'敬'字，进入了良知'仁'的境界。"弟子终于明白了朱熹所谓"格物致知"的含义，不禁感慨，拜谢先生说："要是人人都能像先生那样下功夫修养，天下还愁不太平吗？"朱熹和弟子讨论"格物致知"的含义，由浅入深，并以砚台为例，为弟子具体阐述如何做到"格物致知"。可见，朱熹主张的"格物致知"并不像人们想象的那么玄虚。

朱熹探讨中和理论的致思方法，直接受到李侗的启发，而且朱熹在体悟中和学说的过程中，其观点是有变化的。这就是著名的"中和旧说"与"中和新说"。

朱熹早期曾遵从其师李侗的教诲，于"静中体验未发"。朱熹的"中和旧说"，概括起来说，就是"心为已发，性为未发"，这一点，朱熹在他后来所写的《与湖南诸公论中和第一书》中也有过明确的论述。《晦庵先生朱文公文集》中的朱熹答张栻的第三、四、三十四以及三十五书，集中体现了朱熹的早期对于中和的认识。朱熹关于"已发""未发"的第一次体悟，称为"丙戌之悟"。在朱熹看来，人自婴孩时起，心的作用就一直没有停止过，也就是说，心始终是一个"已发"状态。那种处于"未发"状态的是人的"性"。如果以体用来划分的话，那就是性为体心为用，或者说中为体和为用。朱熹也许真的没有很好地找到这种体验，只能在"已发""未发"问题的探讨上，另辟蹊径。乾道三年（1167），朱熹亲赴湖南面会张栻，后与张栻一直有书信往来，探讨中和问题，随着对中和"未发""已发"问题探究的深入，朱熹的中和观发生了极大的变化，终于在乾道五年（1169）发生了朱熹一生以来第二次著名的体悟——"己丑中和之悟"。这就是朱熹的"中和新说"，他否定了先前自己所体悟的"心为已发，性为未发"的学说。朱熹关于未发、已发的界定也发生了根本的变化，开始以性为未发、情为已发。

看得出，朱熹对于"未发""已发"的认识的第一个关键点，在于"已发""未发"只是"心"的不同的活动阶段而已。所谓未发，指的是"事物未至，思虑未萌"时心的状态，以其"无过不及，不偏不倚，故谓之中"；而已发，则指的是"事物交至，思虑萌"时心的状态，"皆得其理，故可谓之和"。而朱熹关于心与性、情关系最重要的观点，就是"心统性情"。所以，我们可以看到，在朱熹的论述中，"心"之于身，始终都处于一个主宰地位，都是"心"兼性情之德、中和之妙。有学者指出："朱熹心主宰性情的思想主要涉及伦理学的问题，并强调发挥理智之心的主观能动性，以认识和保持内在的道德理性。无论是心主宰性，即平时的主敬涵养，保持善性，还是心主宰情，即遇事按道德原则办事，使情不离性善的轨道，都讲的是伦理道德问题和发挥主体的能动性以加强道德修养，而不涉及本体论问题，心的主宰并不是从本体论的意义上说的。"[1]

朱熹的致中和的工夫论，是以他的人性论为理论基础的。在朱熹看来，人性是来源于"理"的，且人性与天理是融合统一的。"性即理也"是其关于人性的最基本的命题。由于天地万物都要受到理与气两方面的作用，所以，朱熹在论及人性时，也是从两方面来谈的，把人性划分为天命之性和气质之性。"天命之性"是纯然至善的，用朱熹的话说就是"不可形容，不须赞叹"，即是仁义礼智之性。但是由于人之气禀不同，所以有气质之性。从朱熹关于人性的有关论述来看，他的着力点似乎主要在于对气质之性的阐发上，以便为其修养工夫确立必要的先决条件。与其人性论紧密相连的是，朱熹还把"心"区分为"人心"与"道心"。显然，"道心"指天理，"人心"指人欲。朱熹说："人心如船，

---

[1] 蔡方鹿:《朱熹评传》，贵州人民出版社2000年版，第88—89页。

道心如舵。"[1]因为朱熹曾言："圣贤千言万语，只是教人存天理，灭人欲。"[2]

长期以来，人们对朱熹的天理、人欲论存在一种误读，种种不符实际的批判都强加于朱熹，似乎已是积重难返。具体讲来，什么是天理，什么是人欲？朱熹的解释是，天理并不等同于"禅学悟入"，也就是说，朱熹把现实社会的维护等级制度的伦理道德规范视为"天理"，也就是现实社会人们的最高的道德修养之准则。"如夏葛冬裘，渴饮饥食，此理所当然。才是葛必欲精细，食必求饱美，这便是欲。"冬欲暖夏欲凉，渴欲饮饥欲食，都属天理；但追求华衣锦食，则属于人欲。"人欲"是指过于追求感官欲望，而过于追求感官欲望，则是违背天理的。所以朱熹认为，在天理和人欲之间，有一个"度"的问题，这个"度"就是中，就是和，就是"道心"与"人心"之和的问题。要求人们的思想意识与道德行为都恰到好处地遵循封建礼教所规定的思想、言论与行为。诚如朱熹所说："致中和，只是无些子偏倚，无些子乖戾。"[3]"致中，欲其无少偏倚，而又能守之不失；致和，则欲其无少差谬，而又能无适不然。"[4]做事情，少些偏倚、少些乖戾、少些差谬，才能无往而不胜。至于实现和的方法，朱熹强调一个

---

[1] [宋]黎靖德：《朱子语类》卷七十八，中华书局1983年版，第2009页。
[2] [宋]黎靖德：《朱子语类》卷十二，中华书局1983年版，第206页。
[3] [宋]黎靖德：《朱子语类》卷六十二，中华书局1983年版，第1517页。
[4] [宋]黎靖德：《朱子语类》卷六十二，中华书局1983年版，第1516—1517页。

"敬"，要"心常惺惺"，最大程度地"提撕"持敬之心，使"吾心湛然，天理粲然"，同时对已发之情保持理性的状态，不"放肆怠惰"，从而实现体用本末和谐一致，动静表里一以贯之。朱熹所提倡的"主敬"工夫，是贯穿了"未发"与"已发"的整个过程的。正如朱熹说："无事时敬在里面，有事时敬在事上。有事无事，吾之敬未尝间断也。"（《朱子语类》卷十二）有学者曾指出："敬就如一根绳索，把未发时的静和已发时的动串在一起。静中之敬，就是涵养工夫；动中之敬，就是察识工夫。动与静是统一的，涵养与察识也是统一的。"[1]这种分析是十分有见地的。朱熹的"居敬"工夫的确是与存养、省察等修养方法同时并进的。朱熹的"存养"主张来自孟子的"存其心，养其性"的学说。朱熹认为"存养"的实质则是"只在人不失其本心"，是涵养未发之中的工夫。在朱熹看来，"人心本明，只被事物在上盖蔽了，不曾得露头面"。因此，人应该着力于操存此心。涵养的对象是指未发之中。涵养的是人的本体之性，朱熹此主张无疑是为了唤醒主体的道德意识。关于省察，朱熹说："省察是动工夫，动时是和。"朱熹认为"事事有个恰好处"，所以，人应该"无时不省察"。涵养用中的根本目的，还在于让人们在行动上不要偏颇。恰如朱熹所说："这个中本无他，只是平日应事接物之间，每事理会教尽，教

---

[1] 孙利：《朱熹"心"论》，《江淮论坛》2002年第3期。

恰好，无一毫过不及之意。"[1]朱熹同时指出，存养与省察是辩证统一的。这样，最大程度地提撕未发之心，使"吾心湛然，天理粲然"[2]，同时对已发之情保持理性的状态，不"放肆怠惰"，从而实现体用本末和谐一致，动静表里一以贯之，最终达致中和之境界。

　　仁政礼治是儒家一贯倡导的政治路线，朱熹与张栻关于"仁"的讨论，实质上也是与对中和的探讨完全一致的。在朱熹的政治观念里，礼与仁的地位是同等重要的，都是最根本的政治原则。"礼，只是理"，礼也是天理。所不同的是，朱熹的礼乐教化思想，已经与其心性中和理论融为一体，基于礼乐"皆天理之自然"的观点，礼主敬，乐主和，皆本于心。"乐之和，便是礼之诚；礼之诚，便是乐之和"，"乐之和"与"礼之诚"是一个有机统一体。在现实的政治生活中，礼乐依然是政治之本。朱熹说：没有礼的节制，就没有乐之和，只有有节制才是真正的和。礼的作用归之于和。诚如朱熹所言，礼虽主于严厉，但起作用则在于实现和，至严则至和处。在此基础上，朱熹提出了一系列的和顺民心的思想主张。

　　朱熹是宋代理学的集大成者，从某种意义上也可以说，朱熹是集宋代"和"范畴学说之大成者。他继承发展和完善了周敦颐、张载以及二程的"和"范畴理论，从而形成了一个完整的心性理

1　[宋]黎靖德：《朱子语类》卷一二四，中华书局1983年版，第2981页。
2　[宋]黎靖德：《朱子语类》卷十五，中华书局1983年版，第208页。

学"和"范畴理论体系,这是朱熹在"和"思想发展史上的最大贡献。

七、陆九渊:心和即宇宙之和

陆九渊(1139—1193),字子静,号存斋,亦号象山翁,抚州金溪人。学者称其为象山先生,其学说被称为陆学。陆九渊被称为宋明心学的开山之祖,与朱熹所代表的闽学是宋代理学内部两大对立的派别。陆九渊与朱熹争论的焦点问题,在于"尊德性"与"道问学"。陆九渊指斥朱熹的学说是"支离事业",而自称自己的学问为"简易工夫"。陆九渊的"和"思想以阐明"本心""内外合"为特征。

陆九渊名垂青史,皆因他那响当当的名言:"宇宙便是吾心,吾心便是宇宙。"[1]陆九渊自幼天资聪慧,在三四岁时,就问他的父亲,"天地何所穷际"——"天地到哪里是边际啊"?他的父亲只笑未答。陆九渊便开始了独立的思考,据称因为过于沉溺于思考问题,以至于影响到了他的身体健康。

陆九渊直言他的思想是继承孟子之学统,最为典型的就是他是引证孟子的思想来论证他的"心即理"的命题的。前文已谈过,朱熹的宇宙最高本体是"理",陆九渊尽管与朱熹有过激烈的辩

---

1 陆九渊:《杂说》,《陆象山全集》卷二十二,中国书店1992年版,第173页。

论,但他并没有完全否定朱熹的"理",而是把心与理作为一个有机统一体来看待。陆九渊继承了孟子的"本心"的观念,同时他又赋予"本心"以更高层次的意义,那就是在陆九渊的思想体系中,"心"(本心)已经具有了本体论的意义。在陆九渊看来,本心之理同时也就是宇宙之理。"人同此心,心同此理"是陆九渊立论的根据。事实上,陆九渊谈"理",从未超出程朱理学的基本含义。在陆九渊的思想体系中,"理"依然是宇宙规律与道德法则。但他认为宇宙不单单是一个时空的概念,而应该是表示普遍性与永恒性这样一种观念。因此可以说,陆九渊所说的"宇宙便是吾心,吾心便是宇宙",正说明他所高扬的是"心"的普遍性与永恒性。陆九渊在强调"心"的超绝时空意义的同时,还强调人心的共同性。

人们对陆九渊的"心本论"的理解还存在偏差。但陈来的见解应该说是比较有见地的,他认为陆九渊的"心本论","是强调内心的道德准则与宇宙普遍之理的同一性,而不是指宇宙之理是人心的产物。理的客观性、必然性、普遍性、可知性是陆九渊所不否认的,只有了解这一点才能正确理解陆九渊'心即理'的思想"[1]。这样,陆九渊就为他的收拾精神、自作主宰的道德修养论提供了理论基础。

大家都知道,朱、陆曾有过一次著名的"鹅湖之会",时南宋

---

1 陈来:《宋明理学》,辽宁教育出版社1991年版,第156页。

淳熙二年（1175）。此次聚会上，朱陆的学术分歧开始公开化，争论的焦点是"尊德性"与"道问学"，陆九渊力主前者。此后，在对于中和问题上，两者也有多次交流。在陆九渊看来，是致中和而形成了天地万物之化育，根本不是也无须有"太极"。因此，陆九渊直接训"极"为"中"。朱熹认为：中字，是指气禀发用而言，并无无过无及处，也并非直指本体未发、无所偏倚者而言也，怎么可以训极为中？而陆九渊则认为，极、中、至，其实所指为一个意思。陆九渊认为，"中即至理"，大中之道就是天地万物化生之本根。

陆九渊的"尊德性"的修养方法，极力强化"先立乎其大者"，换句话说，也就是"立本心"而已。陆九渊继承了孟子的"存心""养心""求放心"的修养方法，主张人们应该在个体的"心"中，建立起一种道德自觉性，认为这才是"有本之学"。所以，陆九渊提出"收拾精神，自作主宰"[1]的主张。陆九渊之所以提出这样的主张，完全取决他的"心本论"："宇宙即是吾心，吾心即是宇宙。""宇宙内事是己分内事，己分内事是宇宙内事。"而人所要做的努力，就是消除人与宇宙的"限隔"，通过"内外合，体用备"以将人的"性命之理"与宇宙的"变化此道"融入"此心"之中，从而达到"增宇宙之和"的目的。陆九渊以"内外合，体用备"来概括中，也就是中和一体，反对将中和支离为已发、未发两部分。陆九渊认为天赋人性是善的，指出："人生天地间，

---

[1] 陆九渊：《语录》，《陆象山全集》卷三十五，中国书店1992年版，第279页。

禀阴阳之和，抱五行之秀，其为贵孰得而加焉。"[1]人因禀阴阳中和之气而生，"抱五常之性"与"五行之秀"，所以，"其本心无有不善"。也就是说，人的先天的道德意识是无有不善的。但同时，陆九渊也关注到"人心有病"的现实，都是因为有所蒙蔽、有所移夺、有所陷溺，才造成"此心为之不灵"，即陆九渊所说的"失其本心"。所以，人的修养工夫都必须放在去除"过"与"不及"上。陆九渊主张"致力于中"，这说明在其中和学说中，"和"已完全包容于"中"之中。

陆九渊强调一个"自"字，这种简易工夫论，也就是一种澄心内观，即一切德性皆内在于人之本心。所谓"万物皆备于我，有何欠缺？"。当时有人指责陆九渊不注重读书时，陆九渊是不予认可的。在陆九渊看来，读书与否，与能否堂堂正正做一个人，并无直接关系；有些人并不认识字，但并不影响他做一个德性完备的人。陆九渊认为，只是自己教人读书的目的与出发点较常人不同而已，读书也只是发明本心的方法而已。所以，首要在领会古代圣贤对于本心的认识。当读书成为社会上部分人谋取名利之具时，陆九渊认为这是彻底丧失了本心主旨。

有的学者在分析陆学衰微的原因时指出："陆学玄妙的思想内容和思维形式对于已对儒家思想和释老思想已有深刻理解和洞察的陆九渊来说，可以说是驾轻就熟，不由阶梯。但是这却给他的

---

[1] 陆九渊：《天地之性人为贵论》，《陆象山全集》卷三十，中国书店1992年版，第321页。

学生和后学带来了思想上的混乱和修养上的困难，从而给陆学的传播和发展带来了巨大的损害。陆九渊死后，其弟子或者改换门庭，弃陆投朱，或者将陆学引入歧途。……陆学很快就衰微了。"[1] 据称陆九渊在弥留之际，曾以手指胸，说：我徒有一腔学问，"惜未有承当者"，可惜没有继承的人了。情况也的确如此，陆九渊之后，其后学有的是沿着陆九渊的学术方向发展下去，如杨简；有的则有所改造，而逐步与程朱理学趋同，如袁甫等。时隔300年的明代，陆九渊学说的承当者出现，这就是王阳明。

八、陈亮、叶适：中和足以养其诚

陈亮和叶适是南宋时期事功学派的重要代表。在南宋时期，主要有两大学派，其一是讲心性之学的理学派，另一是讲求实事实学、主张经世致用的事功学派。如果说理学内部的纷争主要是由于致思路向的不同的话，那么，事功学派与理学派的分歧，则表明了事功学派与理学派在学术方向上的分庭抗礼。事功学派的"事上理会，步步着实"的学术风格，也主要表现在他们对"和"范畴的理论建树上。

1. 陈亮：和为得喜怒哀乐爱恶之正

陈亮（1143—1194），字同甫，世称龙川先生。史载他"为

---

[1] 顾春：《陆学特质及其历史命运》，《中国文化研究》1996（秋之卷），第17页。

人才气超迈,喜谈兵,议论风生,下笔数千言立就"(《宋史·陈亮传》)。其著述颇丰,主要有《三国纪年》《伊洛正源书序》《三先生论事录序》等,现存《龙川文集》30卷。

陈亮反对空谈性命之学,与朱熹曾有过激烈的辩论。当时辩论的焦点集中在这样几个问题上:如"王道与霸道""道与理""天理与人欲""做儒与成人"等等。也正是在对有关问题的论述中,陈亮阐发了对于"和"范畴的认识。众所周知,儒学自创立以来,后儒在对儒学的发展上,就始终存在着内圣与外王、内修与事功的分歧。如果说宋代的理学着重点是在内圣方面的话,那么,陈亮则开始采取功利主义的价值取向。

陈亮也谈"道"和"理",但他反对朱陆以"道"和"理"为一种绝对的精神实体。他认为无论是"道"或"理",都不可能脱离具体事物而存在。"盈宇宙间无非物"是陈亮对于宇宙的基本观点。就是说,作为天地万物之本原的"道"和"理",也应该是物质的,并进一步指出"日用之间无非事",触角及于社会生活的各个方面。这样,"道"是物中之道,"理"是事上之理,所以,人必须做到"因事作则"。朱熹反对陈亮的将人与"道"完全统一的学说而强调"道"的普遍法则的意义。但陈亮坚持认为,在三才中,人才是维系这个系统得以统一的核心因素,并且通过人的实践活动表现出来。陈亮多次提到和强调的"物",一般是指道德实践、行为规范以及伦理制度等等。上引陈亮对于孟子的"万物皆备于我"的阐释,已经完全注入了一种新的内涵。他贯彻了"理在事中"的思想，既强调规律与原则不能"舍人而为道"而必须"赖人以存"，也强调"物"自始至终都不可以被外化，"物"只是人的一种实践对象，也代表人的基本生存境遇。陈亮反对程朱理学强调的"尊德性"的治学工夫。从某种意义上可以说，陈亮对于"道"和"理"的探究，不再带有形而上的痕迹，而是着力于对实际的具体事物的探究。针对程朱理学所孜孜以求的"未发之中"的致思路向，陈亮则强调"于所已发处体认"，这也是陈亮独具特色的"格物致知"学说。

在对于人性的认识上，陈亮反对把人性之自然性与社会性割裂开来的提法。他认为人性应该是自然性与社会性的综合。陈亮一方面肯定人的自然欲求，另一方面又强调社会道德规范的必要性。对于程朱理学的"理一分殊"，陈亮也给予了新的阐释，他认为"取之虽异，而吾心则一"，而这个"同然"之心就是"仁义"。陈亮同时强调，对于仁义等道德规范，还得依靠主体的"推""存"之功，这也就是陈亮的"以仁存心"的主张。陈亮认为人的道德来自"六情之正"与欲恶之节。陈亮的一切道德主张，都来自现实的经验世界。在他看来，现实社会中的人，不可避免"目与物接，心与事俱"。所以，道德根本不可能脱离人世而来自纯然的"天理"，它无法脱离人的感情与欲望而独立存在。"功到成处便是德"是陈亮道德伦理思想的显著特点。在陈亮看来，程朱理学家所标榜的道德的纯然性的提法，是极端虚伪的，这样不仅不会带来现实功利，而且在道德上也只能是毫无所获。陈亮强调"因物作则",人要恰到好处地体现社会的道德规范,必须"于所已发处体认"。行为固然是本体的流行发用,心的善恶也必然是"已发"状态。所以陈亮认为,和只是喜怒哀乐爱恶得其正而已。很显然,陈亮的学说主张是与程朱理学的着力与内求"未发之中"针锋相对的,他所着眼的是"已发之和"。在陈亮看来,作为每个个体,只要在现实的日用生活中,贯彻仁义礼智等道德规范;而作为统治者来讲,则必须在现实社会中把仁爱之政实施于民,使"疾病死丧,民无遗憾;鳏寡孤独,天有全功"(《陈亮集·普明寺长生谷记》),"无一民之不安,无一物之不养"(《陈亮集·勉强行大道有功》),从而使人民的"六情"之欲都能够在生活中得到妥当的安置,那么,这就是"人道之极",人心的和乐,社会的和谐,全都因此而得以实现。

2. 叶适:中和足以养诚

叶适(1150—1223),字正则,因在晚年曾居于浙江永嘉城外的水心村著述、讲学,所以世称水心先生,是南宋时期永嘉学派的著名代表人物。黄宗羲曾经指出:"永嘉之学,教人就事上理会,步步着实,言之必使可行,足以开物成物。"(《宋元学案·艮斋学案》)叶适的学说思想的最大特点,就是富于批判精神,在发扬光大事功学派的思想体系的同时,对佛老思想以及程朱理学都进行了激烈的抨击。叶适的思想体系中,关于中和理论的论述十分丰富。其主要著述有《习学记言》50卷、《水心文集》28卷以及《别集》16卷。与陈亮一样,叶适既谈"道"也谈"理",反对程朱理学的将"道"与"理"看成先于天地万物的独立存在的学说,强调"物"在而"道"在。

在叶适看来,世界上根本就不存在"无极""太极"一类的绝对的精神本体,这样就使叶适的思想处于与理学思想相对立的立场。叶适认为,理学思想体系是一个杂糅的体系,已经背离了儒家的原初意义,从根本上对程朱理学思想予以否定。对于理学家们所津津乐道的"太极"问题,叶适认为:"夫极非有物,而所以建是极者则有物也。"(《水心别集·进卷·皇极》)叶适明确指出,"极"不是在物之外而独立存在的,而是先有了物之后,才能建极。比如建房、造车,必须先有房子,车子,然后才能谈得上房子之理、车子之理。所以,"道"和"极"的作用,也只有一定的具体事物,才能表现出来。既然如此,人们的认识就应该从客观实在出发,即"与物皆至"。因此,在"格物致知"的问题上,叶适提出了"格绝"与"格通"的问题。叶适不仅强调世界本体的物质性,同时还强调世界的本体以及世间万物都是运动着的。在肯定运动和变化的绝对性的同时,叶适还用"两"和"一"来解释这种运动和变化的根源所在。任何事物都包含着矛盾的两个方面,"道"也不例外。所以要在统一之中看到对立,又要在对立之中把握统一,而最终达到平衡与协调,即实现"中庸"的境界。在叶适的学说中,"中和"与"中庸"与"诚"之意义存在密切的关联,在某种程度上有时又是相通的。叶适认为:"中和者,所以养其诚也。中和足以养诚。"中庸既是天道、地道,也是人道,天、地、人各依其中庸之道而行,那就是"诚"。叶适强调主体"致中和",是为了实现和保证"诚",即所谓"养其诚","诚"之所在即是中庸。

什么是"中和"?叶适的基本认识是:"未发为中,既发为和。"叶适判断中和的标准,正如我们前文所引述的那样,他强调的是"不自用",而是主张以社会的伦理道德规范来作为检验中和的客观标准。在叶适的中和论中,"已发"之和与"未发"之中实现了有机的统一,而不是分割开来的。叶适以"中和"为"天地万物之理",它既是天地万物和谐发展的一种状态,同时,也是达致这种状态的一种原则和方法。在如何实现"中和"之道的问题上,与其认识论紧密相连。叶适认为:"天下之物,未有人不极其勤而可以致其用者也。"(《习学记言》卷三)"致中和"也同样如此。叶适说:"性合于中,物至于和,独圣贤哉?乃千万人同有也。"意思是性、物合于中和,并非圣贤所独有,是人人所具有的。但为什么只有孔孟这样的圣贤才能达到呢?在叶适看来,"师友之教,问学之讲"是达致中和的重要途径。"学"是根本。显然,叶适的"致中和"的工夫论,与理学家的主静涵养是迥然不同的。

叶适是南宋时期事功学派的重要代表人物,他的学说思想也对现实政治给予了极大的关注,因之其中和学说,体现于他的政治主张上那就是"以义和利"。在他看来,道义不能脱离功利而存在,古之圣人也都是以功利而著称于世的。他坚决反对董仲舒的"正其谊不谋其利，明其道不计其功"的主张。叶适认为，情感欲望与物质欲望都是人的自然本性，是不能否认也是否认不了的，但也不能是无限制发展的。人们的欲望，应该在道德规范的范围内得到保障，也就是实现"理"与"欲"的辩证统一。叶适主张通过礼乐，使"民伪"与"民情"得到合理的调节，即"礼乐兼防而中和兼得"，如果礼不能中，乐不能和，那么人自身就会失和。

在义利关系上，叶适主张"以利和义，不以义抑利"。叶适所说的"义"是：先民而后君，先公而后私，理各有所正。叶适理想的政治局面，是那种"民与君为一"的天下和谐的局面。从这一点上看，叶适的有关"和"范畴的理论，似乎是在向着原始儒家的礼乐中和路线回归。

第九章

和在元代的发展

在中国历史发展的进程中,元朝是第一个由少数民族建立的大一统王朝。蒙古族崛起于边陲,文明程度相对比较落后。蒙古新君由于缺少汉族伦理纲常的限制,更容易接纳新的思想和接受新的事物。所以,从文化发展的角度而言,一般认为,元朝文化具有崇尚新事物、超越传统、包容性等特点。但是,元代统治者将元朝人划分为四个等级,汉人的地位相对也是比较低下的。科举制度的名额分配显然也是不利于汉族士子的。恰恰是由于有这样的现实的存在,如常言所言,国家不幸诗家幸。部分汉族士子只能另辟蹊径,通过文学作品来表达自己的思想,元曲的兴盛便是其例。同时,也有著名的儒家学者,努力阐发"和"的思想,其代表人物是许衡。

一、六月飞雪窦娥冤:元曲所体现的和

元朝戏曲特别发达,流传千古的许多著名曲目,如关汉卿的

《窦娥冤》《救风尘》等，王实甫的《西厢记》(全名《崔莺莺待月西厢记》)等，都体现了悲、喜之"和"，所以才能够脍炙人口。我们这里以关汉卿的作品为例进行分析。

《窦娥冤》在中国可以说家喻户晓。故事讲的是：山阴有个叫作窦天章的书生，曾向蔡婆借高利贷，因无力偿还，就把七岁的女儿窦娥送给蔡婆当童养媳。窦娥长大后与蔡婆的儿子成婚，婚后，窦娥丈夫病死。后来蔡婆向赛卢医索债的过程中，险被赛卢医杀害，被流氓张驴儿父子撞见得救。张驴儿父子便以此为由，强迫蔡婆、窦娥与他们父子成亲。窦娥坚决不从。恰逢蔡婆有病，想吃羊肚汤，张驴儿把毒药投进羊肚汤中，想毒死蔡婆，结果羊肚汤被自己的老子吃了，他把自己的爹毒死了。张驴儿以"药死公公"为名把窦娥告到官府，贪官桃杌是非不分，对窦娥横加迫害，判窦娥死罪。在临刑时，窦娥对监斩官说："死前，我有三个誓愿，假如这三个誓愿都实现了，我就是被冤枉的。"监斩官说："第一桩是什么？""我要在这芦席前挂一幅白绸，我死的时候一腔热血全喷到白绸上，一滴也不洒上芦席。"监斩官答应了。"我的第二桩誓愿，是让这六月天下一场大雪，天啊，你降一天大雪，遮盖我冤屈而死的身子吧！"监斩官说："这天热得人直淌汗，会下雪？你一定是热昏头了。"窦娥继续提高嗓门喊："从前东海县冤死了一位孝妇，大旱了三年。今天我窦娥也冤屈死去，我死之后，这山阴县也要三年不下雨，这都是当官的不按法办事惹下的祸害呀！"窦娥遭屈斩。她生前所发下的三桩誓愿都得以应验。

故事如果到这里结束,那么也只是徒增人们的"悲"意而已。接下来,便是"喜"的结局。后来窦娥之父窦天章考取进士,官至肃政廉访使,到山阴考察吏治。窦娥的鬼魂与父亲相见,并且诉说了自己被冤死的缘由,窦天章查明事实,为窦娥昭雪冤屈。

《救风尘》是关汉卿的另一部重要代表作,讲的是一个妓女的故事。妓女宋引章被浪子周舍的花言巧语所骗,嫁给周舍,自以为得到了从良的机会。然而竟是好景不长,过了不久,周舍便露出真面目,开始虐打宋引章。周舍竟言:"进门打了五十杀威棒,如今朝打暮骂,看看至死。""且等我吃酒去,回来慢慢地打你。"这是典型的家庭悲剧。但是,宋引章并没有被周舍打死,而是在结拜姊妹赵盼儿的解救下,成功逃脱那魔窟般的家。

"和"的内涵是对事物发展所作的层次感与分寸感的把握,是事物的发展被控制在适度的范畴内。以关汉卿等为代表的元代戏曲家们,都很完美地体现了这一特点。窦娥之冤,让人窒息。但是,誓愿得以应验,父女团聚(尽管窦娥已化为一缕冤魂),冤案也得以昭雪,让人们看到了预期的光明结局——圆满。妓女宋引章的故事,开始也是让人悲伤,最终让人们在压抑至极点时,终于得以释怀。孔子推崇的艺术形式,就是"乐而不淫,哀而不伤",王夫之追求"以乐景写哀,以哀景写乐",才能引人入胜,都是强调的一个"和"字。

元曲恰好体现了这一特征,这也正是元曲在中国历史上经久不衰的原因所在。

二、许衡：率性之道即为和

许衡（1209—1281），字平仲，怀庆河内（今河南沁阳）人。学者称鲁斋先生。由他所创立的鲁斋学派是北方理学的大宗，许衡是元代的著名理学家，他本人被称为元代理学宗师。许衡也是促进元代理学官学化的主要人物之一。《元史》有传。《宋元学案》立有《鲁斋学案》。其著作有《鲁斋遗书》《许鲁斋集》等。许衡的学术活动主要在北方，在元代有"南吴北许"之称。

许衡早年从姚枢处得程朱著作，敬信如神，后移居苏门（今河南辉县百泉），与姚枢等讲习经传子史，"慨然以道为己任"。忽必烈入关中为秦王时，召许衡为京兆提学；元世祖即位，许衡被召为国子祭酒；后其以集贤院大学士兼国子祭酒，教授蒙古子弟，"使天下之人皆诵习程朱之书"，有"以夏变夷"之功。虽然许衡"平生嗜朱子学不啻饥渴"，"一以朱子之言为师"，但"亦病其太多"（《鲁斋遗书·考岁略》）。他在继承朱熹思想的基础上，进一步发展了朱熹的心学思想，并把朱熹理学变成以"尊德性"为主的道德践履之学。许衡的"和"范畴理论是建基于他的以"理"（道）为宇宙最高本体的天道论的前提下，以"和虚与气，有性之名"的人性论和"心与天地同"的心性论为理论基础，重点发展了朱熹思想体系中的天人和谐的理论。

元代理学是宋明理学发展过程中的一个重要阶段,"和会朱陆"是元代理学的一个重要特点。这一时期,大部分有影响的理学家都走上了打破门户之见,综汇朱、陆之长的道路。在宇宙本原的问题上,许衡是沿着朱熹的"理"本论的思路发展下去的。许衡指出,物是体现理的,二者是相即不离的,而理是本原的东西,理是一种绝对的存在。在许衡看来,除了作为万物之本原的"理""无对"——没有矛盾以外,从阴阳相对化生天地万物以来,矛盾无处不在。同时,许衡还赋予阴阳二气以道德属性。他指出,天下皆应遵循阳者为天、为君、为夫,阴者为地、为臣、为妇的道理。阳尊而先,下求于阴。天先乎地,君先乎臣,夫先乎妇者,这都是合乎理的规定的。这就为社会等级制度提供了存在的合理依据。既然对立的存在是不可避免的,要去一件也去不得,那么如何能够实现"和"、保证和谐呢?许衡指出:矛盾对立的双方的和谐局面,表现为归于"静"和"中"。"中"就是不偏不倚,无过无不及。许衡对于"中"的解释,包含了儒家的"中正""时中"之意。

在对人性的认识上,许衡提出了"合虚与气,有性之名"的观点。许衡的人性论思想,宗程朱理学。这里的虚就是理,与朱熹的"虚只是说理"是同一个意思。因此,许衡的"本然之性""气禀之性",就是宋代理学家张载、二程、朱熹的"天地之性"和"气质之性"。由于人性是天所赋予的,是得自天命的,因之人人都具有"明德"之性。"明德"就是人心本来具有的光明之德，人皆有之，圣凡无异。他的具体内容就是仁、义、礼、智、信等社会道德原则。既然如此，人又何以有恶呢？对此，许衡从"气禀"和"物欲"两个方面进行解释。

许衡认为，善是人性中原本具有的，恶是由后来所禀之气的清浊美恶决定的。导致人性恶的原因，既有气禀这一先天性因素，又有物欲这一后天性因素。由于这两方面的原因，以至世人之性"便有千万般等第"。性恶之人只要能去其昏蔽，就能复其明德。而教育的作用也就在于帮助人们除其明德之"暗塞"，识见天理。正是在人性论的基础上，许衡进一步阐发了"道不可离""率性之谓道"的思想。

许衡十分重视"心"的作用，认为，一"心"可以主宰万物。"心"就是性，就是天，就是理。许衡对于"心"的高度张扬，从某种意义上说，也成了他天人和谐学说的逻辑起点。在此基础上，许衡提出了"人心与天地同一"思想。许衡的心学思想，从理论到方法，继承并发展了朱熹以心为"本"的思想，成为明代王学的先河。

许衡认为，人与天地同为一心。人心如何与天地同心，皆因"上帝降衷"之故。所谓的上帝降衷之衷，同陆九渊解太极为大中之中一样，指人为天地宇宙之中，太极即具于人心，心即理也，故与天地一般。人虽以天地之心为心，但天地本无心，人心即天地之心。特指圣人之心，原本即是天地之心也。如果没有圣人之心，谁去为天地立心？又谁去赞天地之化育？这个中也是"中和"

之中或"未发"之中。就是朱熹所说的"明德"或"道心"。它是心，故神妙不测；它又是理，故为道之体。概而言之，天下万物之理皆从心出，心同天一样，可以做万物的本原。这样，就把心提到本体的地位了。

为了论证心与天具有同样的作用，"心与天地同"，许衡认为，心之本体就是仁。天地之心就是仁。同时，许衡认为，知识也是心之本体所具有，仁和知都是心之本体。仁是体，知是用，二者是体与用的关系。仁是成己，知是成物，但成物必本之于成己。由于心之本体是"明德""仁"，心既是主体，又是客体，因此"心"不仅具有道德意义，而且具有本体意义。"元"为在天之仁，而"仁"在人则是人心所固有的。人虽以天地之心为心，但天地本无心，所以，人心也就是天地之心。因而，只有圣人才能为天地立心，才能赞天地之化育。也就是说，心与天地是不可决然分开的，两者是密切相连的。许衡的天人和谐学说，是以人心与天理的同一为归着点的。

在"尊德性"与"道问学"的问题上，许衡表面上是遵守朱熹的"道问学"，实质上却是更倾向陆九渊的"尊德性"。他提出了由外及内和由内及外的两种方法，同时也提出了正内以正外和正外以正内的两种工夫。这说明，许衡既沿袭了朱熹"内外交相养""相辅成德"之说，又主张必须有个主辅，必立一个做"桩主"。这个"主"在内而不在外，在心而不在物。也就是说，为学的方法，修养的工夫，必须"反求诸心"，以内心工夫为主。而这一思想,正是许衡对程朱理学的最大修正,成为明代王阳明"正心以正物"思想的先声。

许衡之所以主张要"反求诸心",在心上用功夫,是因为他接受并发展了朱熹的心本体说,认为心之体就是"明德",是天地万物的本体。他认为,天所命之性,人得之则为心,心统性情。性即理,情为气,性为善,情为善恶混。亦即性为心之体,情为心之用。心是性情的主宰者,可谓人心虽小,但却神通广大。由于人心蕴藏着天地万物之理,因此,"反求诸心",一切问题都可以迎刃而解。在这种思想认识的支配下,许衡提出了持敬、谨慎、审察等变化气质的方法。

许衡的人性论是人性二元论,认为人的本然之性是善的,而人有善恶的原因是由"气禀"和"物欲"所致。当人独处之时,其心不与外物接触,自然不存在物欲昏蔽,这叫作未发之时;当临事应物,其心与外物接触,易为物欲所乱,这叫作已发之时;在这两者之间,还有个将发而未发的瞬间。这几种情况都是根据心的动静来说的。心之未发之时,其修养方法是持敬。许衡将持敬之旨概括为"主一""不要逐物",明显表现了传统儒学"克己""内省""去物欲"的思想,也融进了宋代理学"去蔽复性"的主张。关于"已发之中"与"未发之和",许衡认为,心之已发而未发的一瞬间,其修养方法是"谨慎"。在他看来,心与外物刚刚接触之时,正是一念方动之时也,非善即恶。"一念方动之时",也就是人欲将萌而还没有完全形成的时候。此时,心体之动虽然别人不知,但他自己是知道的,这叫"独知"。既然一个人的从善为恶,是始于一念之差,因此要特别谨慎,应将"人欲"禁于未发之际。心之已发阶段,其修养方法是"审察"。为了使人的行为皆"中节",也就是应当符合社会的道德规范。由此许衡提出了人要"自觉",就是心之本体的"良知""良能"。许衡认为,只要启发心中固有之良知、良能,就能变化气质,使人成为通体皆善的人。

在修养方法上,许衡也讲格物致知,沿袭了朱熹的说法,但这并不是他真正的思想倾向。许衡虽然并不反对读书、评论古今人物等"格物"之事,但他更强调的是"正心""存心"等工夫。他虽然也讲格物、致知,但以正心诚意为主。不仅如此,许衡根据朱熹思想做进一步发展,把格物致知与尽心知性联系起来,以尽心知性为格物致知之功,进而用尽心知性代替了格物致知,用内心工夫代替了向外求知。尽心知性的关键就在于:"常存养其德性",从而才能"发为恻隐羞恶是非辞让之情,不使少有私意变迁",从根本上讲,还是为了求得一个"发皆中节"之"和",进而达到天人合一的最高境界。

因此,许衡特别注重在日常生活中伦理道德观念的培养。不仅做学问如此,日用事为间皆当如此,才能有所成就。如果认为日常事务卑近而不足为,离开君臣父子夫妇长幼朋友,一心只想为高远难行之事,则不是正确的方法了。

总之,许衡的"和"范畴理论是在对程朱理学思想的继承和发展的基础上建立起来的。他虽然遵守朱熹主张内外工夫相辅并用的方法，但是更加强调内心工夫。应该说，许衡的"和"范畴理论，是宋代理学"和"范畴思想向明代心学"和"理论过渡的一个重要的中间环节。

第十章
明清时期"和"思想不同的发展路向

如果说宋明理学家对于"和"的阐发还处于玄谈的形而上的层面上的话，那么，明清实学则从社会的现实需要出发，而把"和"范畴更多地运用到形而下的社会现实中来。明清实学是儒学发展史上一个独树一帜的发展阶段，它勃兴于明末清初之际，这一思潮是明朝中叶以来社会政治经济形势的巨大变化在思想领域里的反映，在新的社会历史条件下，思想家们普遍认识到了宋明理学与社会现实的不相适应性。因而，"经世致用"是明清实学的基本特征，所以对于"和"范畴的阐发也深深地带上了这一时代烙印。王夫之以中和皆体、中和互为体用，认为和即天德与性情之德；颜元对程朱理学进行了坚决的批判，倡导"正其义以谋其利"的功利主义，提出了"利者，义之和"的命题；戴震是清代重考据、明义理的著名思想家，在伦理观上主张"理欲统一"，认为"欲发而中节即是和"。同时，这一时期又有心学的重新兴起，心学一派认为理学之求诸"格物"，更不如求诸主体之本心，所以和在这一时期也具有明显的心学烙印。

一、和与中为一物的心学

1. 陈献章、湛若水：中和方，治病汤

陈献章（1428—1500），字公甫，号石斋，广东新会白沙里人，学者因称白沙先生。陈献章是宋代理学向明代心学过渡的关键人物，也可以说陈献章是明代心学的奠基人。

陈献章心学理论体系的建构，也是以他对于"道"的体认为其理论基础的。陈献章关于"道"的论述，吸收了道家的思想。他认为"道"是一种精神实体，并试图以此逻辑地推演出君子的超然于物外以及与物浑然一体的心灵境界。在此基础上，陈献章提出了"道心合一"的学说。正如诸多研究者所指出的那样，陈献章在理论上的最大贡献，就在于他克服了朱熹理学体系中"心与理为二"的矛盾，而把心和理完全合一了。"天地我立，万化我出，而宇宙在我"，人与宇宙同体，而"我"便是宇宙之主宰。天下之物尽在我"心"中。就是说，人心即"道心"，人心即"道"即"理"。"他所谓'吾''我'，并不再是指人的肉体，而是指人得道后所获得的形而上的本质。道是无限的实体和无限的'自然'，通过认识，人能够得了'道'的时候，就能与道合一，就能够取得道的无限和自然的特性。在这里，他所谓的'吾''我'，成了'道'的体现物。也可以说，道的无限体现于人一身之微中，人成为道的代表。这可不是有特定的身份的人才能达到的，而是

一般的'匹夫'也能达到的。问题只是得道的方法很难掌握,所以'难其人'罢了。"[1]所以,陈献章学说思想的着重点在于他的涵养论。因而心又与性是合一的,这样,作为宇宙天地万物之本体的"理",已经完全内化为人自身的一种本质存在,这就是陈献章天人合一学说的内涵所在。他说:"是故曰中,曰极,曰一贯,曰仁义礼智,曰孔颜乐处,曰浑然与天地为一体,此天理也尽之矣。"[2]这显然是对孟子的"万物皆备于我"、陆九渊的"宇宙便是吾心,吾心便是宇宙"的继承。陈献章还从体用关系的角度,论述了"万物皆吾一体"的思想,强调"天人一理通,感应良可畏"[3]。据说陈献章从学吴与弼归乡之后,曾花费二十年的时间,真正体会到了静中悟道的乐处。陈献章以"静坐""涵养"为基本的修养方法,从而开始彻底摒弃朱熹的"即物穷理"的方法,而使为学工夫从外向转为内向,即"为学当求诸心"。但是,陈献章所强调的"无欲""静坐",并不是要人们向禅门的虚无寂灭回归,只是要回复心的自然,也就是心的本来面目。可以说,在儒家"内圣外王"的价值追求上,陈献章更偏重的是"内圣"。而内圣所要达到的目标就是"大中"。在陈献章看来,天下之理,止于"大中"而已,所以,他说:"道无往而不在,仁无时而或

---

1 章沛:《陈白沙哲学思想研究》,广东人民出版社1984年版,第71页。
2 陈献章:《粤秀山白沙书院记》,《陈献章集》,中华书局1987年版,第941—942页。
3 陈献章:《天人之际》,《陈献章集》,中华书局1987年版,第288页。

息。……圣人立大中以教万世。"[1]陈献章曾有这样的诗句："吾儒自有中和在，谁会求之未发前。"这恰与陈献章的求之内心的修养方法是完全吻合的。求之"未发"，才能得到内心的真正的和乐。这是陈献章的"和"范畴理论的归结点所在。

陈献章后学以湛若水为主要代表，湛若水沿着陈献章的思想继续发展。

湛若水（1466—1560），字元明，号甘泉，广东增城甘泉都人。少年即从学于陈献章。其著作颇丰，如《心性图说》《樵语》《雍语》《明论》《新泉问辨》等，后被其弟子编成《甘泉先生文集》。

在本体论的问题上，湛若水继承了陈献章的思想，而且比陈献章走得更彻底，直接就以"心"为宇宙万物之本体，认为心的本质与"道"是一致的，它广大无边，可以蕴涵万物。凡天地万物，均被心所渗透和包容，且"心"与理也是完全同一的。从体用关系的角度来看，"理"为心之体，物为心之用。心虽然包含了物，但物不是心的实体内容，理才是心的实体内容。湛若水所说的"心"，实质上指的是主体所具备的认知能力和道德属性，但这种能力和属性又是超越了具体的个体的，心的意义是泛化的。"心兼乎事""心兼乎物"。在中与和的关系上，湛若水的"中立而和发"的观点，事实上就是肯定了中与和的辩证统一的关系。和由

---

1 陈献章：《与张廷实主事十一》，《陈献章集》，中华书局1987年版，第164页。

中来，中是和发展的逻辑起点。"随处体认天理"，就是随处所做致中和工夫。湛若水曾生动地比喻说："随处体认天理，此吾中和汤也。……服得时，即百病之邪自然立地退听，常常服之，则百病不出而满身气体中和矣。……此剂中和汤，自尧舜以来，治病皆同。"（《明儒学案·甘泉学案一·语录》）可见，在湛若水看来，"执中"是实现中和理想人格的必备工夫。

在湛若水看来，体认天理，即是体认吾心中正之体。所以，越是洒落、越是空灵，这种本体就会越加显露和充实。这就是湛若水所说的"入中之门"。他说："入中之门，曰勿忘勿助，中法也。以中正之法，体中正之道，成中正之教也。体认天理，即体认中也。欲见中道者，必于勿忘勿助之间，千圣千贤，皆是此路。"（《甘泉文集·天关语通录》）"勿忘勿助"是湛若水所认定的"见中道"与"体认中"的法门。而且湛若水也把"勿忘勿助"学说，当成是自己在心学理路上对陈献章思想的最大的发展，也是自己心学思想体系的最为精密的地方。董根洪指出："湛若水的心性中和论无疑体现了心学的心性中和论更为全面超越性的性质。虽其'合一用功'论的实质在以封建的仁义礼智道德规范人们，表现了完全道德主义的性质和狭隘性，但它毕竟在理论上使致中和工夫克服了'专务静坐''惟在静坐'的片面性弊病，以及'致中''致和'的'支离'性缺陷。"[1]湛若水的思想学说是陆九渊、

---

[1] 董根洪：《儒家中和哲学通论》，齐鲁书社2001年版，第427页。

陈献章心学向阳明心学过渡的一个重要的中间环节，他也就"未发""已发"问题，与王阳明展开过论争，也直接影响到了王阳明"和"范畴理论之特征。

2. 王阳明：格竹之思

王守仁（1472—1529），字伯安，浙江余姚人，因曾隐居于会稽的阳明洞，又创办过阳明书院，故世称阳明先生。死后谥文成，所以又有王文成公之称。王阳明是明代中期著名的思想家和教育家，是心学的集大成者，"致良知"是他对于心学发展的最大贡献。而且，他的"致良知"就是"致中和"，提出了"良知即是未发之中""工夫只是致中和"的基本命题。

王阳明所生活的年代，正是明朝社会内忧外患异常严重的时期，尤其严重的是人们的道德信仰危机，假道学、伪君子流行，王阳明对于这种社会现象，深为忧虑。所以，王阳明的学说，以提高和彰显人们的自觉的道德意识为宗旨。所以王阳明的全部学问工夫，都集中在如何培养人们的德行上。换句话说，就是在王阳明的学说体系中，一切都是为了理想人格的造就与个体的精神境界的提升。

王阳明早年曾推崇朱熹学说，也曾依照朱熹学说进行"修养"，即历史上著名的"格竹之思"。王阳明在其所著《传习录》中，记述了自己早先格竹子之理事。王阳明曾经在庭前竹子前，面对竹子，做了七天的"格致"工夫，试图从中得到一些道理，但最终无所收获。于是对朱熹的"格物致知"的学说产生怀疑，认为"即物穷理"与"吾心"原本就是两回事,而且"以吾心而求理于事事物物之中"根本就是不可能的。在此认识的基础上,王阳明提出了知行合一的"真知论",即王阳明的"致良知"的学说,这开始成为王阳明所认定的成圣的唯一途径。王阳明的"致良知"学说就是"致中和"学说,有的学者将王阳明的中和思想称为"良知"论中和说,也是有一定道理的。王阳明所说的"心"的实质,不单是指心的物质实体,而主要是强调"心"的理性精神,以及"心"之于人的主宰作用。王阳明指出,"心"不是指那一团血肉,而特别强调"心"的主宰作用,也就是强调道德理性的主宰作用,这就是他所说的"性"或者"天理"。王阳明以心立说,又以"良知"释心。良知在其本质意义上,与作为宇宙本体的心在内涵上是重合一致的。它是一种天赋道德,又是纯然至善的,是未发之中。王阳明"说天理之昭明灵觉即良知,或良知即天理之昭明灵觉,这是从良知的流行发用上言良知即天理。在王守仁那里,良知有体有用。从体上说,良知即心之本体,这是寂然不动、廓然大公的。寂然不动、廓然大公便是天理。儒家习惯上把心体区分为未发已发,未发称中,谓心体的本然状态,已发谓心的发用,或感物而动,如果发而中节,便称和"[1]。为了对"心即理""心即道"的命题加以限定,王阳明多以良知来指称本然纯和之"本心",这个"本心"就是未发之中。换种说法,良知即天

---

[1] 张祥浩:《王守仁评传》,南京大学出版社1997年版,第341页。

理,良知即中。王阳明指出:"性无不善,故知无不良,良知即是未发之中,即是廓然大公、寂然不动之本体,人人之所同具备者也。"(《王阳明集·传习录》中)王阳明反对程朱理学将中、和分割为未发、已发而为二的思想主张,坚持认为未发之中与已发之和应该是浑然一体的。王阳明从体用一源的角度,来说明中与和的关系,认为两者不是可以分论的各自独立的存在。《传习录》记载:有一次,王阳明游南镇,一位朋友指着山岩上的花树问他:"天下没有心理意识之外的事物,那么这花树在深山中自己开放自己凋谢,和我的心理意识又有什么关系呢?"王阳明回答说:"你没有看到这花的时候,这花和你的心理意识都是一样虚无的;你来看到这花的时候,那这花的颜色就真实清晰起来,就知道,这花不在你的心理意识之外。"这样一来,在王阳明的思想体系中,就完全实现了心理合一、心物合一、体用合一。

所以,王阳明反复强调:"中和一也。""中和是离不得底,如前面火之本体是中,火之照物处便是和。举着火,其光便自照物。火与照如何离得?故中和一也。"(《王阳明集补编·补录》)

尽管王阳明强调未发之中为人所共有,但这只是在理论上的一种理想状态。王阳明同时也注意到,现实中的人,往往又受到气禀的影响、物欲的诱惑,人们的思想行为往往有发不中节的事实存在。所以,存天理去人欲是必须做的工夫,以回复人的本然纯善之正。"中和是人人原有的""喜怒哀乐本体自是中和的""天理亦有个中和处,过即是私意"(《王阳明集·传习录》上)。王阳明试图解决中、和分离的状态,实质上也没能解决得了。一方面是说心之本体是人所共有,未发、已发不可割裂;另一方面又不得不面对割裂的现实。王阳明的解决途径,就是在圣人与常人那里,展开区分。也就是说,只有圣人才具备"未发之中",而常人则不具备或不完全具备。所以,在某种程度上可以说,王阳明的"中和一"的学说,离解决程朱理学中和说的缺陷,尚存在一定的距离。

正是由于看到了现实社会所存在的不中不和的事实,所以,王阳明着力于在"致中和"上下功夫。通过主体的道德修养,来实现中和理想人格。王阳明所强调的"致中和"的本质与终极目的之所在,就是"存天理,灭人欲"。这一点上,又与程朱理学是完全一致的。存在的分歧则在于致中和的工夫上。王阳明反对朱熹的涵养以致中、省察以致和的工夫论,而是在"中和一"的基本前提下,主张致中与致和的合一、知与行的合一,这都是密切关联着的。在某种程度上可以说,王阳明所提出的知行合一学说,是其致中和的一种逻辑延伸。王阳明反对程朱理学将知行割裂开来的做法,而从"一念发动处即是行"的观点来看,王阳明的知行合一,则包括了对人之所作所为的总体概括。知行合一在某种意义上可以说,是将"涵养"与"省察"有机地合而为一了。王阳明的"和上用功"的提出,应该说是为了起而纠偏而提出的。实质上,王阳明所说的"和上用功",说来说去,还是离不开"心上用功"。王阳明通过"不过当"的发用与"戒慎不闻"的"存养",真正使"和"与"中"融为一体,"和上用功"与致中完全合一。

有学者指出:"相对于程朱由强化理性而贬斥非理性,王阳明无疑更多地注意到了主体意识的多重规定。心与理的合一,同时展开为一个过程,这一过程既表现为普遍之理通过道德践履逐渐内化并融合于主体意识,又表现为道德意识外化为道德行为,并进而通过道德实践而实现社会人伦的理性化。作为本体,心不同于纯粹的理性形式,亦非单一的个体之意,其内在特点表现普遍性与个体性的统一,而心体在践履过程中的外化与对象化,则通过本体的外在展现而使之取得了某种现实性的品格。"[1]我们认为,这种解释,同样适用于对王阳明"和"范畴理论的理解和认识。

王阳明的著名弟子王畿曾经对王阳明学说的发展历程进行了总结概括,认为王阳明的中与和一、知与行一、已发与未发一的思想的形成,是有一个过程的,致良知的思想,是最终将"心上用功"与"事上磨练"有机地结合起来了。王阳明所追求的是"胸次悠然,上下与天地同流"这样一种最高的和谐境界。其敬畏与洒落的浑然一体,可看成是对"中和一"的别种诠释。

无可否认,王阳明的致中和工夫论,也存在着明显的矛盾。王阳明晚年曾有著名的"天泉证道",即"王门四句教":"无善

---

[1] 杨国荣:《心学之思——王阳明哲学的阐释》,生活·读书·新知三联书店1997年版,第85页。

无恶是心之体，有善有恶是意之动，知善知恶是良知，为善去恶是格物。"这可以看成是王阳明晚年对自己学说的总结。实质上，王阳明"四句教"的"无善无恶是心之体"与"有善有恶是意之动"，与他一贯主张的"中和一"的思想就是矛盾的。同时，王阳明在心本论基础上提出的"心外无事"与"和上用功"，也是相互矛盾的。也正是由于这种矛盾的存在，最终导致了王门后学的分化。他们分别向着"和上用功"与"工夫在致中"的方向发展开去。前者以王畿、钱德洪为代表，后者以聂豹、罗洪先为代表。

钱德洪认为："离已发而求未发，必不可得。久之则养成一种枯寂之病。""为善去恶"的工夫，应该是在"实"上下功夫。在"未发""已发"问题上，聂豹事实上是接受了王阳明早期的观点，并在此基础上发展为致力于"中"的归寂之学，他认为只有归寂之学才是王阳明学说的精义所在。聂豹以归寂为致中的工夫，而把和仅看成是中的自然流行而已。罗洪先也是沿着主静归寂的工夫路线发展下去的。罗洪先认为致中和的工夫，应该建立在本体与工夫并重的基础上，强调"寻源头"，这个源头就是人的"良知"与"道心"。黄宗羲曾对于聂、罗的思想做过这样的评价："阳明以致良知为宗旨，门人渐失其传，总以未发之中，认作已发之和，故工夫只在致知上，甚之而轻浮浅露，待其善恶之形而为克治之事，已不胜其艰难杂糅矣。故双江、念庵以归寂救之，自是延平一路上人。"(《明儒学案·江右王门学案四》)这种概括是准确的。

二、刘宗周：慎独即致中和

刘宗周（1578—1645），字起东，号念台，因曾讲学于蕺山，学者称其为蕺山先生，他是明末最后一位大儒。刘宗周关于"和"范畴的阐发，建立在气一元论的基础之上，以慎独为工夫。刘宗周在继承总结前人尤其是宋明以来理学家的有关"和"范畴的学说思想的基础上，创造性地提出了以"慎独"为工夫的中和论，这是刘宗周在"和"范畴发展史上的独到之处，也是他的最大贡献所在。

刘宗周关于"和"范畴的阐发，是建立在他的气一元论的认识基础之上的。在他看来，气是万物化始的本根，只有气才是心、性、道等的基础，数、象、名、物等皆是因气而有。理即气之理，断然不在气先，也不在气外。刘宗周的理气论，表明了他对本体论、宇宙论之不同于程朱理学的一种见解，就其学说重心来看，他把精力主要投放在以此为基点，来论证"道心即人心之本心，义理之性即气质之本性"，来说明中和与道、心、性一样，都是从一气流行而来的。刘宗周对于"和"范畴的阐发，则体现于他对一些重要的概念、范畴的辩证之中。

心性关系、性情关系，都是刘宗周学说体系中的重要内容。通观刘宗周之论心性的学说，可以看出，他的心性论与理气论是完全一致的，其心体与性体也开始合而为一。刘宗周曾专门著有

《原性》篇。牟宗三先生说："此《原性》文主旨甚佳，其言心与性之关系亦甚明。虽极言心之妙用，仍保住性天之尊。"[1]从主张心体与性体的合一的角度来看，刘宗周的思想大体上与王阳明的心学理论比较接近。以性为心并因而化心为性，认为离气无理、离心无性。所以，刘宗周认为，人的道德之心，也是"一气流行之机"。在刘宗周看来，心与气的喜怒哀乐就是性与理的仁义礼智，"心性不可以分合言"。刘宗周指出："《中庸》言喜怒哀乐专指四德言，非以七情言也。喜，仁之德也；怒，义之德也；乐，礼之德也；哀，智之德也，而其所谓中即信之德也。一心耳，而气机流行之际，自其盎然而起也，谓之喜，于所性为仁，于心为恻隐之心，于天道则'元者善之长也'，而于时为春；自其油然而畅也，谓之乐，于所性为礼，于心为辞让之心，于天道则'亨者嘉之会也'，而于时为夏；自其肃然而敛也，谓之怒，于所性为义，于心为羞恶之心，于天道则'利者，义之和也'，而于时为秋；自其寂然而止也，谓之哀，于所性为智，于心为是非之心，于天道则'贞者事之干也'，而于时为冬。"（《刘子全书·学言》中）"刘宗周这一关于心性中和的思想，是他的天道观的浓缩：天道于穆不已，四时循环，这是元亨利贞，这是天道的中和。而此元亨利贞表现为具体的现实的化育万物，这是形而下的中和。以元亨利贞本身为动，以化育为静，是表示前者是本体的、永恒的、主动

---

[1] 牟宗三：《从刘象山到刘蕺山》，上海古籍出版社2001年版，第347页。

的,后者是发用的、暂时的、被动的。中和本身是性,存发是气机的流行。"[1]正是基于这样的认识,刘宗周对宋儒的"理生气,性生情"以及"心统性情"的观点持否定态度。辨"四德"与"七情",是刘宗周在"和"范畴发展史上的一种独具特色的学说。但这种学说在某种程度上说,又是那么地晦涩难懂,但在他本人那里却似乎又是那么地持之有故。他反反复复地强调,"四德"是四气正常运行的表现,而"七情"则是四气运行中发生变异而出现的结果,但都属于一心之性情,不必有什么未发为性、已发为情的说法。已发、未发不是动与静的关系,也不存在前与后的关系。那么,和与中究竟是怎样的关系呢?"自喜怒哀乐之存诸中而言,谓之中","自喜怒哀乐之发于外而言,谓之和"。

至于致中和的工夫论,刘宗周通过对"四德"与"七情"的区分,对性情关系进行了定位,对性情关系重新界定。他认为,《中庸》关于已发未发学说中所涉及的"喜怒哀乐"四者,与通常所说的"喜、怒、哀、惧、爱、恶、欲"七者是不同的。前者就是孟子所说的"四端",认为仁义礼智就是喜怒哀乐的另一种说法。"意"在王阳明那里曾被视为"心之所发",刘宗周对此持反对态度。在刘宗周的学说中,"意"的本质规定即"好善恶恶"。"念"则是因感而发、有善恶区分的,它于"所发"而见。刘宗周所说的"念",就是王阳明所说的"意"。在此,"意"的地位

---

[1] 张学智:《明代哲学史》,北京大学出版社,2000年版,第453页。

得到了空前的提高,已经上升为"心之主宰",而"念"属于已发的范畴。刘宗周强调不能将"意""念"混为一谈。"念"是有善有恶的,而作为本体的"意"则是无分于已发、未发而常在不息且至善无恶的。从根本上看,刘宗周区分"意""念",是为了纠"念"之偏而端正"意",使之达致正当,即"和"。刘宗周专门写有《治念说》,认为"夫学所以治念也"。可见,"治念的基本之点,即在于理性对情识之域的渗入及净化,所谓不干之以浮气,便旨在剔除感物而动的偶发意欲,而化念为思则意味着将非理性的念转换为理性的意识。经过如上转换,念开始靠向了实践理性之境"[1]。刘宗周对王阳明的"致良知"的学说是比较推崇的,提倡"慎独"。但是刘宗周所说的"慎独"又不同于朱熹的将"慎独"完全看成是已发工夫。因为在刘宗周看来,"意"无所谓已发、未发,也没有动与静之别,而是贯穿了整个动静变化之过程的。因而他反对把致中与致和割裂开来的思想主张。刘宗周认为唯慎独为致中和的真正工夫。

刘宗周为什么如此推崇慎独呢?从本质上讲,他认为唯其慎独,方能致中和、达中庸。他明确说:"慎独之学,即中和、即位育,此千学圣脉。"(《刘子全书·学言中》)如此方能使学者的为学工夫不致流于悬空设想,而实现天地人以及万物合为一体的中和境界。所以,他说:"学者大要,只是慎独。慎独即

---

[1] 杨国荣:《心学之思——王阳明哲学的阐释》,生活·读书·新知三联书店1997年版,第285页。

是致中和，致中和而天地位，万物育，此是仁者以天地万物为一体实落处，不是悬空识想也。"(《刘子全书·书上·答履思五》)

刘宗周的中和理论，是在对宋明以来的中和理论进行总结、批判继承的基础上提出来的。东方朔指出："宋明心学，从明道的识仁，象山的明心，到阳明的致知，宗周的诚意，所走工夫历程，一步深过一步、愈嵌愈幽、愈臻愈微。就学问的理论形态而言，宗周言诚意，言慎独，言存养省察，言知几而作，言敬言诚，其底子是紧、是微、是密，使成圣工夫于人的最深层的意识根源处穷原竟委，直落下手。然而，宗周对道德精神意识的诸种正反形态的说明和描述，与其说是一种理论的表陈和探索，毋宁说是宗周自身工夫实践的一种体会、体证和写照。"[1] 刘宗周的中和理论，与他的人格修养密不可分，这已被许多学者所认证。"更合身与家国天下，乃见此心之全量"(《刘子全书·学言中》)。刘宗周此言，是引导后人认识其中和之说的进门之阶。

三、具有实学特征的和

1. 王夫之：和为天德

王夫之(1619—1692)，字而农，号姜斋，湖南衡阳人，明清之际杰出的思想家、史学家。因其晚年曾隐居于湘西石船山，

---

[1] 东方朔：《刘宗周评传》，南京大学出版社1998年版，第378页。

故学者称其为船山先生。王夫之早年参加过抗清斗争，失败后，长期过着流亡的生活，并且在极其艰苦的情况下仍坚持著述，著作颇丰，主要的著作有《张子正蒙注》《尚书引义》《周易外传》《诗广传》《读四书大全说》《思文录》《读通鉴论》等等。王夫之是中国古代思想的总结者，他的有关"和"范畴的理论，也是在对前人尤其是宋明理学思想的批判、继承的基础上提出来的。

在宇宙本体论上，王夫之通过阐发《周易》的"太极"范畴以及张载的"太和"观念，阐述了自然和谐的思想。在王夫之看来，天地间充满了阴阳二气，万物的生成与存在也都是阴阳和谐运行的结果。王夫之通过对张载的"太和"学说的阐发，论证了自然和谐之理，而"太和"则是宇宙间的最高和谐。王夫之指出："太和，和之至也。"（《张子正蒙注·太和注》）在张载那里，还是把"太和"与"太虚"放在同一层面上的。王夫之明确指出，"太和，和之至也"，这种"和之至"从本质上来说，就是阴阳之气的极致和谐状态。而这个最高和谐状态的"太和"，即宇宙之最高本体。如王夫之所说："太和氤氲之气，为万物所资始，屈伸变化。"（《张子正蒙注·参两篇》）王夫之还进一步指出，"太和"不仅包含了阴阳和合之体，同时也包含了"气与神和"这样一层内容。王夫之强调"神"为"二气清通之理"，"理"是指万物皆当有之法则，"神"应是阴阳之气运行的规律与法则。"阴与阳和，气与神和，是谓太和"。

什么是"理"呢？用王夫之的话来说，"万物皆有固然之用，万事皆有当然之则",是谓之"理"。因之"神"应是阴阳之气运行的规律与法则。作为宇宙本体的"太和"之气,始终包含了两端对立,而这种对立的统一,便是宇宙存在和发展的根本规律。"和"是以承认和允许对立与差异的存在为前提的。所以张载才有"两不立则一不可见,一不可见则两之用息"(《正蒙·太和》)的论断。正是"两"的存在,相感相成,构成了宇宙间天地万物的大化流行。而"太和"则既是这种"流行"的起点,也是其终点。同时,"太和"又制约着万物的变化的有序和谐进行,也就是王夫之所说的"天下共化于和"。王夫之的有关自然和谐的思想,继承了张载的气本论,又在张载学说的基础上,有了较大的发展。有学者认为王夫之的这种思想,"在自然观上已经完全堵塞了可能产生创世说的漏洞"[1]。

在"中"与"和"的关系上,王夫之强调,"未发之中"是"儒者第一难透底关"。自从《中庸》中提出"喜怒哀乐之未发谓之中,发而皆中节谓之和"的命题以后,"中"与"和"的关系问题就受到了后世儒家的高度重视,尤其是宋明理学时期,心性中和哲学高扬,而其焦点则主要集中于对"未发之中"的探讨。从某种意义上可以说,王夫之是沿着这个思路继续探讨下去的。针对程朱陆王的心性中和哲学对"未发"之中的理解,王夫之提出了中和皆体以及中和互为体用的观点。王夫之反对宋儒把"未发"

---

[1] 侯外庐、邱汉生、张岂之:《宋明理学史》,人民出版社1997年版,第914页。

理解为四情尚未产生,以未喜、未怒、未哀、未乐而谓之中的观点。在王夫之看来,如果以未喜、未怒、未哀、未乐而谓之中的话,那么,便与禅学十分相似了。因为按照宋儒的逻辑,那些无喜怒哀乐之境、无喜怒哀乐之情的人,均可谓之中。但这并不意味着王夫之否认中的本体性质。在王夫之看来,中属于事物内在所固有的属性,它是不以人的主观意志为转移的。中的特性是不偏不倚、无过无不及,因而无论"已发"还是"未发",都不失其本体性。不仅未发之中与已发之中,而且中和之中与时中之中,以及"执中"之中,也都是"体",其间并无体用之分。

同时,王夫之也反对宋儒以"中和"之和为情,因而为用的观点,坚持"和"亦为体。王夫之在中和皆体的基础上,进一步指出了中和互为体用的辩证关系。他说:"中道者,大中之矩,阴阳合一,周流于屈伸之万象,而无偏倚者,合阴阳健顺动静于一而皆和。故周子曰:中也者,和也。《中庸》自存中而后发之和言之,则中,体也;和,其用也。自学者奉其为大本以立于四达之道言之,本乎太和而成无过不及之节,则和又体而中其用也。"(《读四书大全说·中庸》)在这种互为体用的基础上,中和达成一致。这也可以说是王夫之在"儒者第一难透底关"上所得出的答案。

在"致中和"的方法论的问题上,与程朱理学的"存养省察"以主静相比,王夫之的工夫论中,则更多强调动的工夫,试图以此冲淡工夫论中的佛老气象,明确主张"存养无间于动静,省察必待于动时"(《读四书大全说·论语》)。从一定意义上来说，王夫之所说的"致中和"的工夫，就是"务实""修德"的过程。这是王夫之针对王门后学"虚玄而荡"的流弊而提出的纠偏之方。也与王夫之身受明亡之刺激所进行的深刻反思直接相关，与明清之际由虚反实的思想潮流相吻合。

王夫之对于传统《中庸》观所进行的辩正之最大的特点，就是从"实有"和"实理"的角度来阐发诚。他曾明确说："未发之中，诚也，实有之而不妄也。"(《读四书大全说·中庸》)在王夫之看来，诚体现了天人合一，这种天人合一则体现为实有。天人合一是和的最高境界。从自然的意义上来说，天地生物只有各得其所、物情各和顺并适应自然，才能很好地生存和发展；从人道的意义上看，君子之与喜怒哀乐之情必须有所节制，同时应注意去除私利，不以损害事物而满足一己之私利，亦应做到审时度势，这样就能保证人道与天道合一不二。这也与王夫之所强调的"圣人敬其身以建中和之极"是完全一致的，从而实现"尽致中和以位天地育万物之大用"(《读四书大全说·论语》)。

2. 颜元：利者，义之和

颜元（1635—1704），字易直，又字浑然，号习斋，河北博野人，颜李学派的创始人与主要代表人物。颜元的一生以教学、行医为主，晚年曾应邀主讲肥乡漳南书院。其主要著作有《四存编》《四书正误》《习斋记余》《习斋言行录》《朱子语类评》等。与明清之际的许多思想家一样，颜元的思想体系也是在对宋明理学进行批判的基础上提出来的。他首先从儒家一贯标榜的"道统论"出发，对宋明理学假冒正统进行批判。

在颜元看来，真正正统的儒学应该是"尚其实"的。像宋明理学与魏晋玄学以及佛老之虚无，都属于空虚无用之学。颜元在他的著述中，还多次界定了宋明理学与正统儒学的分野所在。在颜元看来，与现实生活相脱离的学问，是毫无价值的。从某种意义上可以说，颜元的主要理论建树，是他从功利主义立场出发所阐发的义利观，而"和"范畴也被其用来论述义利的和谐统一。颜元在继承南宋以陈亮、叶适为代表的事功学派的义利思想的基础上，对传统的义利观提出了新的见解。

颜元明确主张"正其谊以谋其利，明其道而计其功"。这可以看成是颜元对汉代以来儒者所标榜的义利观的一次彻底清算。在颜元看来，汉代以来的儒者，尤以宋儒为甚，完全否定人们的功利欲望，这是违背人的本性的。从根本上讲，讲求道德是不能脱离人的实际活动的。没有人的实际的欲望活动，也就无所谓什么道德准则了，这个道理显而易见。在道德准则指导下的人们的功利追求，不仅是正当的，而且也是社会进步的原动力所在。颜元指出："以义为利，圣贤平正道理也。尧舜利用，《尚书》明与正德，厚生并为三事，利贞、利用、安身，……利者，义之和也。……义之利，君子所贵也。"(《四书正误》卷一) 这里，颜元将"和"引入到他的义利观中，来界定义与利的关系，明确指出"义者，利之和"，是以"义"为"利"的内容，强调的是义与利的和谐统一。颜元的这种义利和谐的思想,是明清实学义利观的典型代表。

问题的关键在于,颜元也不是无原则地讲求利,不是提倡专注于个人的一己之利,而是提倡能够"利济苍生"之"利"。"正谊谋利"说到底,是为了达到经世致用的目的。宋明儒者的"无事袖手谈心性,临危一死报君王"的作风,为颜元所不齿。颜元认为人应该志存高远,每个人都应当确立好自己在社会中的地位,树立正确的人生目标。"生存一日,当为生民办事一日"。"扶世运,奠生民"是颜元所追求的理想人格。所以,在"致中和"的问题上,颜元也提出了自己的独到见解,他认为和应当首先从一己之身始,然后推而至一家和、一国和,直至于天下和。

可见,颜元与宋明理学家关于"和"范畴的理论之显著不同在于,宋明理学家着重于从本体论的高度,从理论上对"和"范畴加以提升,而颜元则主要是从人间现世的需要,来论述"和"范畴。当然,二者不可断然裁决孰优孰劣,却都是从不同的角度,对"和"范畴的发展起到了不可或缺的贡献。

第十一章

呼风唤雷时代和的回响

　　1840年鸦片战争爆发，中国闭关锁国的大门被打开，时势动荡，西方列强的坚船利炮把中华民族推到了救亡图存的危机边缘。在民族危亡面前，日趋衰败的清政府已经失去了抵挡的能力，中国几千年来的封建制度的积弊在此时已经完全暴露了出来。在这种情况下，一些先进的中国知识分子开始认识到，要摆脱中国的危机状况，必须思变求改，同时他们也认识到，西方文化确实有比我们国家先进的地方，值得我们学习和借鉴的东西很多。所以，在思想文化领域，开始出现了与鸦片战争以前明显不同的特点。正如毛泽东所指出："在五四以前，中国文化战线上的斗争，是资产阶级的新文化和封建阶级的旧文化的斗争；在五四以前，学校与科举之争，新学与旧学之争，西学与中学之争，都带着这种性质。那时的所谓学校、新学、西学，大体上都是资产阶级代表们所需要的自然科学和资产阶级的社会政治学说。（说大体上，是说那中间还夹杂了许多中国的封建余毒在内）。在当时，这种所谓新学的思想，在同中国封建社会作斗争的革命作用，是替旧时期的中国资产阶级民主革命服务的。"[1]从而促进了中国文化的近代转型。

近代中国对西方文化的引进,"是循着从技术到科学,从实业到文化,从制度到思想的次序进行的,即先由武器制造技术,再进到输入西方的自然科学,即由军事技术破门,引发对自然科学,如数学、物理、化学、天文学、矿物学等的输入。随着国门的洞开,西方文化源源不断地输入,中国人终于意识到在孔孟之外还有柏拉图、亚里士多德、卢梭,李白、杜甫和曹雪芹以外尚有莎士比亚、歌德和小仲马,四书五经之外还有物理、化学,等等"[2]。近代中国对西方文化的引进,引发了中国传统思维方式的革命。因而在中国近代社会的发展过程中,出现了六大思潮,如鸦片战争时期地主阶级改革派思想、太平天国农民政治思想、洋务运动、戊戌维新思想、资产阶级民主革命思想、五四新文化运动。种种社会现状,包括政治的极端腐朽、经济的枯竭、军事的羸弱,与强大的西方入侵势力相比,都表明在风雨飘摇的国家命运面前,中国人再也没法四平八稳下去了。所以,从近代整个社会思潮来看,从理论上对于"和"范畴的阐发,进入了一个相对沉寂的阶段。但是如果从更深层次考察的话,我们就将发现,近代社会批判思潮的兴起,又完全是社会的失和现象在思想文化领域的直接

---

[1] 《毛泽东选集》第二卷,人民出版社1991年版,第657页。
[2] 刘登阁、周云芳:《西学东渐与东学西渐》,中国社会科学出版社2001年版,第12—13页。

反映，思想家及政治家们力图在批判的基础上，实现社会的新的和谐。

在中国的封建制度行将就木的社会历史条件下，一批有识之士纷纷表达了对改革黑暗社会的热切愿望，并对宋明理学禁锢下的人们的思想、心理进行了深刻的剖析。如国人所熟知的龚自珍的《己亥杂诗》中的那首——

九州生气恃风雷，万马齐喑究可哀。
我劝天公重抖擞，不拘一格降人才。

宋明理学的存理灭欲的学说，造成了整个中国社会个性的压抑、人格的扭曲，龚自珍的这首诗，呼唤"风雷"，要求打破"万马齐喑"的局面，使各种杰出的人才都涌现出来，并发挥他们的聪明才智。在当时的社会历史条件下，这种呼唤无疑是振聋发聩的。还有龚自珍那篇著名的《病梅馆记》，作者以"病梅"暗喻被封建思想所扼杀的现实社会的人格精神与自由，表达了对这种现状的强烈不满："予购三百盆，皆病者，无一完者。既泣之三日，乃誓疗之：纵之顺之，毁其盆，悉埋于地，解其棕缚；以五年为期，必复之全之。予本非文人画士，甘受诟厉，辟病梅之馆以贮之。"显然，龚自珍以"疗梅"表达了改造病态的国家、病态的国人精神的一种胸怀。这是对现实社会的忧患意识与强烈的时代危机感的呐喊。

第十一章
呼风唤雷时代和的回响

1851年，洪秀全领导的太平天国农民革命运动爆发。太平天国运动期间先后提出了《天朝田亩制度》与《资政新篇》两个纲领文件。洪秀全把朴素的小农平等观念与基督教的"博爱"观念融合在一起，提出了一个以均、平为特征的农民革命的指导思想。他们打着"奉天诛妖"的旗号，把消灭的目标直接指向了封建统治集团，希望以此实现"济世救民"。太平天国领导者所宣扬的是人人都是上帝的子女，只有推翻现世的封建统治，才能实现"天下一家，共享太平"的理想社会。洪秀全在充分论证"诛妖"必要性与合理性后，试图要建立的也是一个视异国为同国、视异乡为同乡、视异族为己族，没有战争、没有欺凌而是以"和为贵"的"大同之世"。

在近代中国，以改造落后的国民性作为救亡图存的根本途径，是严复、梁启超、章太炎、鲁迅等一批思想家所作出的选择，这其中又以鲁迅最为代表。李泽厚指出："'国民性'是鲁迅早年和前期十分关注的问题，它经常占据鲁迅思想活动的中心。……有所憎，有所爱，对'世人面目'的洞察和憎恶，对农村乡民的亲近和同情，它们交织起来，是使鲁迅日后着眼于'国民性'的重要因素。而在五光十色、形形种种的半封建半殖民地极端复杂的环境中，鲁迅几十年始终憎爱分明，毫不含混。……严复宣传社会必然进化和号召人们必须发奋自强的观点，是鲁迅最早接受并长期坚持的一个基本思想和信念。但这里鲁迅的特点是，在当时先进的中国人，包括革命派在内，都把社会达尔文主义当作救亡的理论武器,鲁迅却更多地站在资产阶级人道主义的立场上予以批判地对待。"[1]进化论使鲁迅认识到,随着自然的进化、社会的进化,人们的道德观念也是应当不断进化的。只有国民性改造得好,才会促进社会的改革与前进。鲁迅深刻揭露了中国民众长期受到封建文化的戕害,而造成的群体精神麻木以及愚弱的扭曲形人格状态。而这种群体性的扭曲,一旦形成,就极其顽固。"祖传老例"是中国人的是非标准,鲁迅说:"我们中国本不是发生新主义的地方,也没有容纳新主义的处所,即使偶然有些外来思想,也立刻变了颜色,而且许多论者反要以此自豪。"(鲁迅:《热风·五十九"圣武"》)最为鲁迅所鞭挞的是中国国民的奴性意识。如鲁迅笔下的"阿Q",真正是将国民性中卑劣、懦弱而又妄自尊大的扭曲人性,揭露到了无以复加的地步。在鲁迅看来,奴性意识恰恰是造成中国颓败的根源所在。鲁迅指出:"遇见强者,不敢反抗,便以'中庸'这些话来粉饰,聊以自慰。所以中国人倘有权力,看见别人奈何他不得,或者有'多数'作他护符的时候,多是凶残横恣,宛然一个暴君,做事并不中庸;待到满口'中庸'时,乃是势力已失,早非'中庸'不可的时候了。一到全败,则又有'命运'来做话柄,纵为奴隶,也处之泰然,但又无往而不合于圣道。这些现象,实在可以使中国人败亡,无论有没有外敌。"(《华盖集·通讯》)鲁迅一针见血地指出,中国人的这种

---

[1] 李泽厚:《中国近代思想史论》,安徽文艺出版社1994年版,第423—424页。

所谓的"精神胜利法",是存在于国民中的严重普遍的心理状态,"一个活人,当然是总想活下去的,就是真正老牌的奴隶,也还在打熬着要活下去。然而自己明知道是奴隶,打熬着,并且不平着,挣扎着,一面'意图'挣脱以至实行挣脱的,即使暂时失败,还是套上了镣铐罢,他却不过是单单的奴隶。如果从奴隶生活中寻出'美'来,赞叹,抚摩,陶醉,那可简直是万劫不复的奴才了,他使自己和别人永远安住于这生活。就因为奴群中有着这一点差别,所以使社会有平安和不安的差别"(《聪明人和傻子和奴才》)。鲁迅明言,他写"阿Q"这样一个典型,就是为了"暴露国民的弱点"。鲁迅说:"要画出这样沉默的国民的魂灵来,在中国实在算一件难事,因为,已经说过,我们究竟还是未经革新的古国的人民,所以也还是各不相通,并且连自己的手也几乎不懂自己的足。我虽然竭力想摸索人们的魂灵,但时时自憾有些隔膜。在将来,围在高墙里面的一切人众,该会自己觉醒,走出,都来开口的罢,而现在还少见,所以我也只得依了自己的觉察,孤寂地姑且将这些写出,作为在我的眼里所经过的中国的人生。"(《集外集·俄文译本序及著者自叙传略》)。鲁迅主张改造国民性,其目的很明确,就是将挽救国家的希望,寄托在人民群众的觉醒之上。毛泽东对鲁迅的评价是很高的:"鲁迅的骨头是最硬的,他没有丝毫的奴颜和媚骨,这是殖民地半殖民地人民最可宝贵的性格。鲁迅是在文化战线上,代表全民族的大多数,向着敌人冲锋陷阵的最正确、最勇敢、最坚决、最忠实、最热忱的空前的民族英雄。鲁迅的方向，就是中华民族新文化的方向。"[1]鲁迅在风云激荡的社会历史条件下，把批判的矛头直接指向封建的政治伦理制度，号召人们去除奴性，直面人生，而不是"蜷伏堕落"。

救亡图存是整个近代中国的中心问题，"中国向何处去"也必然地成为政治家、思想家们所思考的中心问题，近代中国志士仁人苦苦追寻的也是这个问题的答案。因而出现了各种不同的思想观点，思路不同，所指向的解决问题的最终指归，都是国家的前途和命运。因此，从总体上看，真正从理论上阐发"和"范畴的思想学说，相对比较沉寂，但绝不是全无声息，也有的学者围绕着时代课题，对"和"范畴进行了新的视角的探索。而对于中西文化进行调和的文化观，则可以说是以严复、康有为、蔡元培等为代表的近代思想家，对"和而不同"在近代的特定的社会历史条件下所做的一种文化选择。

一、严复：阅历为采和

严复（1854—1921），原名宗光，字又陵，又字几道。曾于1877年赴英国留学。在留学期间，接受了西方资本主义国家的哲学、自然科学以及社会科学的教育。严复是一个非常著名的翻译

---

[1]《毛泽东选集》第二卷，人民出版社1991年版，第658页。

家,曾先后翻译了赫胥黎的《天演论》、亚当·斯密的《原富》、约翰·穆勒的《名学》《群己权界论》、孟德斯鸠的《法意》、斯宾塞尔的《群学肄言》、甄克斯的《社会通诠》、耶芳斯的《名学浅说》等著名论著,从而成为中国近代史上第一个比较系统地将西方资本主义制度及思想介绍到中国来的人。严复是近代中国启蒙思想的重要代表人物。严复思想的特点,就是他既有浓厚的中国传统思想的根基,又深受西方自然科学的经验论与方法论的影响。他的"和"范畴的学说,则体现于他的唯物主义经验论的认识论之中。李泽厚说:"如果说《天演论》带给人们一种新的世界观,对严复本人来说,并不一定是很自觉的事;那么,用培根、洛克和穆勒等英国经验论作为认识论和方法论,来武装中国人的头脑,就是他非常重视、十分自觉的工作了。……严复用唯物论的经验论批判以陆王心学为主要代表的中国传统唯心论的先验论,……更重要的是,严复从一开头就非常重视哲学认识论。他提到哲学路线斗争的高度来考察向西方寻找真理的整个问题,并明确认定认识论是关键所在,这才是严复思想一个很突出的地方。"[1] 因而就使严复有关"和"范畴的阐发,具备了中西交融的特征。

对于人性问题的普遍关注,是中国传统思想的重要特征。自春秋战国以来,各家各派的思想家,差不多都对人性问题提出了

---

[1] 李泽厚:《中国近代思想史论》,安徽文艺出版社1994年版,第260—261页。

许多不同的见解和认识，试图以人性问题为根基和出发点，来找到社会问题的根源及其解决问题的途径所在。徐复观说："中国的人性论，发生于人文精神进一步的反省。"[1]这是十分准确的。其中，主要的观点有性善论、性恶论、性无善恶与性超善恶论、性有善有恶与性三品、性两元论与性一元论等等。孟子的性善论在中国思想发展史上的影响是最大的。陆王心学更在孟子的"良知"的基础上，以"致良知"为"圣门正法眼藏"。严复关于人性的认识，首先就将批判的矛头指向了陆王学说，认为他们所崇奉的"良知良能"，最根本的症结就在于不是从客观的事实观察出发，而从来也不考虑事实的验证。他说："良知良能诸说，皆洛克、穆勒之所异。"（《穆勒名学》部丙篇三夹注）陆王心学，只能算是"心成之学"，而缺乏了感性经验的重要而必不可缺的环节。严复接受了西方的唯物主义经验论，尽管这种唯物主义有一定的不彻底性，但他已经认识到，知识的发生必然是认识的主体与客体发生联系。正是基于上述认识，严复强调先知、先觉的"良知、良能"是不存在的，人性原本无善恶之分。人生而具备的只能是人的本能，无论善、恶皆属后起。严复将"和"的观念引入到对人性善恶观念的形成过程中，指出："智慧之生于一本，心体如白甘，而阅历为采和，无所谓良知者矣。"（《穆勒名学》部乙篇六按语）

---

[1] 徐复观：《中国人性论史》先秦卷，上海三联书店2001年版，第13页。

十七世纪英国唯物主义经验论者洛克提出了"白板"说。他认为，人的心灵在生下来时是纯洁无瑕的，就像一块白板一样，而知识以及善恶情感的产生，则是外界事物作用于人的感觉器官，从而在人的心灵上留下了印象。严复采纳了洛克的"白板"说，他所说的"白甘"与"白板"义同。他提出了"心体如白甘，而阅历为采和"的见解。"阅历"指人生活于五彩缤纷的世界，受到外部世界的浸染，在心体上涂抹上各种不同的色彩，因主观努力的不同，才有善恶的区别。这种"阅历"在人的善恶认识形成过程中，是至关重要的。严复准确运用了和的"调和"之义。尽管严复并没有花费太多的篇幅来专门讲述"和"范畴，但他在吸收西方先进思想理论的同时，以全新的角度来诠释人性问题，不失为一种理论创新。

二、康有为论和

康有为（1858—1927），字广厦，号长素，广东南海人。他是戊戌变法运动的主要发起者和领导人，也是近代中国向西方寻求救国之道的主要代表人物之一，著名的教育家。维新变法失败后，康有为逃亡日本。在辛亥革命以后，康有为开始从事孔教会的活动，极力宣扬尊孔复古，反对新文化。其主要著作有《新学伪经考》《孔子改制考》《戊戌奏稿》《春秋董氏学》《礼运注》《中庸注》《论语注》《大同书》《孟子微》等等。康有为关于

"和"范畴的思想，主要体现于他的《中和说》以及《大同书》中。

在《中和说》中，康有为对宋明以来理学家，如朱熹、王阳明、刘宗周等有关中和学说进行评论，认为宋明中和学说，有从道体上说、性体上说的，也有从工夫论的角度上说的。康有为在评论朱熹等的中和思想的基础上，主张以"中"为性体，主张从静中看喜怒哀乐未发气象，把未发、已发的涵养工夫，都归之于静，并以此为率性工夫。专门以"中和"为论述对象，这在近代是不多见的。

康有为的《大同书》，直接受到《礼记·礼运》篇"大同"说的影响，而他的"大同"思想的内容，受到了中国古代"大同"以及佛教的慈悲观念思想的影响，同时又受到了西方自然科学与空想社会主义思潮的影响，因之使得康有为对于"大和"社会理想的追求，具有了新的时代的特点。在《大同书》中，康有为首先揭露了中国传统社会所存在的"诸苦"现象，并指出了这种"诸苦"的根源所在。康有为指出：诸苦之根源，皆因九界而起。"九界"是指：一曰国界、二曰级界、三曰种界、四曰形界、五曰家界、六曰业界、七曰乱界、八曰类界、九曰苦界。康有为认为，要实现"大同"，就必须破除这"九界"。只有去除了上述种种苦难，才能实现没有国界、没有贵贱等级，甚至没有人与动物的区别。总之就是一切形形色色的区别，都不存在了。而造成这种不平、不公的法律也将不复存在。人们生活在这样一个世界里，可以"浩然自在，悠然至乐，太平大同，长生永觉"，"其乐陶陶，不知忧患"[1]。这真是一个极和谐的人间现实的神仙世界。有论者将康有为的"大同"理想归结为"阶级调和论",也有学者认为他的思想是"一种神秘而美丽的幻想"。同时有学者认为他的"乌托邦构想极具想象力与挑战性,他足列世界上伟大乌托邦思想家之林……无人可以忽视他整个社会思想的历史意义"[2]。

康有为是一个学贯中西的人物,学界的许多学者把康有为看成是现代新儒学的鼻祖与先师,也都是基于这一点。康有为对于理想人格的设计,主要是从三个方面来进行的:自然的人性论、情欲合理论以及变化气质论。其对和谐人格之追求的思想,完全贯穿其中。

康有为对于人性问题的认识,是在孔子的"性相近"的思想的基础上,同时又接受了西方"人是生而平等的"的思想,提出了自然人性论的主张。我们知道,孔子曾有"性相近也,习相远也"(《论语·阳货》)的命题,意思是说,现实世界中的每一个人的本质都是相近的,只是由于后天习染的不同,而产生了人格上的差距。在此基础上,孟子发展为性善论,而荀子则提出了性恶论。康有为对于孟、荀关于人性善恶的设定是持反对态度的。在他看来,人生之初,只是一个个中性的个体,性只是人所具有的天赋禀性而已。从根本上来讲,性就是人的一种生理本能,是

---

1 康有为:《大同书》,中华书局1959年版,第52页。
2 [美]萧公权著,汪荣祖译:《康有为思想研究》,台北联经出版事业公司1988年版,第451页。

人之于声、色、味的一种自然属性，原本就不存在善恶之性或者"义理之性"。因而，人之初，是完全平等的。既然人性相差不远，为什么会有善恶之分呢？康有为对此原因的分析，应该说完全遵照了孔子的思路：后天习染使然。同时，在康有为看来，人所具有的"情""欲"都是人性的一部分，他反对宋明理学将"天理"与"人欲"决然对立的观点，认为人的情欲是合理的，所以，从人道的角度来讲，人的情欲是必须要得到满足的。只有使人的各种欲望得到合理的满足，社会才会安定与发展。所以这一点，也是康有为大同思想的重要组成部分。但从理想人格的意义上来讲，康有为认为，人性尽管无善恶之分，但是人的先天之性也存在某种欠缺，不足以达到"中和"的理想人格的标准。

至于如何达到"人质皆和平广大"以及具备"中和之美质"的理想人格呢？康有为指出了方法：一曰努力学习，一曰礼乐教化。康有为认为学习是节制人的自然之性，使之达致中和的重要途径，所谓"习于正则正，习于邪则邪"[1]。只有通过学习，才能"内之变化气质，外之砥砺名节"。

同时，康有为还继承了历代儒家重视音乐之教化作用的思想。正如有的学者所分析的那样："相对于其他艺术形式，音乐更能展示主体的心路历程，更容易激起心灵的震荡愈合共鸣，而在内

---

[1] 康有为：《大同书》，中华书局1959年版，第52页。

心的深层感染中，主体的精神便可以得到一种洗礼和净化。"[1]康有为认为音乐能够"涵养其性情，调和其血气，节文其身体，越发其神思"[2]。因而主张，矫正人性之偏蔽，"计无有出于声乐也"[3]。在音乐的陶冶下，人可达到"体与乐和，志与气平"，且"蔼然而中和"的境界。

总的来看，康有为关于"和"范畴的论述，可以说是兼综中西，充满了鲜活的时代气息，标志着中西文化之间的互融性，也从一定的意义上证明了"和而不同"的文化意义。

三、蔡元培"和而不同"的文化包容意识

蔡元培（1868—1940），字鹤卿，号孑民，浙江绍兴人，出身于商人之家。蔡元培自幼饱读诗书，具有深厚的中国传统文化的根底；而后，蔡元培又旅居德、法、比利时等国长达十年的时间，使其成为近代中国一位不可多得的学贯中西的杰出人物。辛亥革命后，蔡元培出任中华民国教育总长，1917年又出任北京大学校长。在新文化运动中，蔡元培充当了精神领袖的角色。同时，蔡元培也是清末民初调和论思潮的重要代表人物，他对于"和"

---

1 杨国荣：《儒家的人格学说》，见丁冠之、王钧林、刘示范主编：《儒家道德的重建》，齐鲁书社，2001年版。
2 康有为：《大同书》，中华书局1959年版，第52页。
3 康有为：《民功篇》，《康有为全集》第一卷，上海古籍出版社，1987年版。

范畴的认识和阐发,具有强烈的时代气息,"中和"理念贯穿于蔡元培全部的理论和实践之中。

文化选择,归根到底是取决于历史的选择。

鸦片战争以后,帝国主义的坚船利炮敲开了清政府所固守的国门。这一局面是清统治者、政治家以及思想家们所深感茫然的。为什么会出现这样的局面以及中国将向何处去的问题,已经历史地摆在了中国人的面前。中西文化的交融与冲突,也成了近代社会文化发展的重要表征之一。同时,"儒家在其漫长的发展过程中曾有过各种不同的解释,但对儒家基本的社会—政治价值观和信仰,却是很少被准许各抒己见的。康氏已经使人对这些主要的价值观和信仰产生疑问,这一事实即意味着作为中国信仰核心的儒家正日趋衰微。当康有为在改变长期被公认的孔子形象和孔子学说的价值的内核方面走得如此之远时,其含义就更加严重了。任何读过康有为的富于煽动性解释的人必然会产生一个感到烦恼的问题:儒家的本来面目和特征何在?这个问题的出现预示着这样一种后果:使儒家从一直是无可怀疑的信仰中心,变成了其基本特征是可疑的和有争议的一种思想体系"[1]。因此,对于儒学的价值定位,还有如何对待西方文化的问题,引发了近代鸦片战争以来文化论战的激烈展开。而关于中西文化的论战,则在五四前后达到了顶峰。争论的焦点则在于如何对待传统文化与外来文化以及

---

1 [美]费正清、刘广京编:《剑桥中国晚清史》下卷,中国社会科学出版社1993年版,第340—341页。

如何建构新文化的问题上。

落后就会挨打的残酷现实，使得中国人尤其是先进的知识分子，真正感受到我们必须向西方文化学习其先进的东西。在蔡元培看来，近代的中国社会，是一个"东西文化融合的时代""全世界大交通之时代"，在这样的一个时代里，必须要认清形势，把促进中西文化的融合作为一个时代性的课题，而且强调这是必需的和必然的。所以任何有识之士，都应"放开世界眼光""与一切人类各立于世界分子的地位，通力合作，增进世界之文化"，[1]蔡元培认为，"创造新文化，往往发端于几种文化接触的时代"[2]。只有实现不同的文化间的对话与交流，才能促成新文化的产生。他列举大量的历史事实加以说明。诸如：雅典文化是因希腊人与埃及等国文化的交融而产生的；罗马文化是因罗马人与希腊文化的接触而产生的；欧美诸国的文化，都是不同文化交流与接触的产物。所以，"西洋之所长，吾国自当采用"。交流的意义不在于去异求同，而是要"和而不同"，这个"和而不同"的做法，简单说，就是"（一）以西方文化输入东方；（二）以东方文化传布西方"[3]。在积极的文化建设理路上，蔡元培既反对抱残守缺的"守旧"，也反对那种泛政治化的"盲从"，而是倡导应把国家观念上的"善"与一切人类公认的"善"作为文化取舍的标准。诚如文化常识所展

---

1 《〈学风〉杂志发刊词》，《蔡元培全集》第二卷，中华书局1984年版，第335页。
2 高平叔：《东西文化的结合》，《蔡元培教育论著选》，人民出版社1991年版，第335页。
3 高平叔：《东西文化的结合》，《蔡元培教育论著选》，人民出版社1991年版，第335页。

示的那样，接受和融通一种外来文化，是不可能在真空中进行的。蔡元培提出"兼容欧化"的主张："第一，以固有文化为基础；第二，能吸收他民族之文化以为养料。"[1]蔡元培所提出的这种"文化消化论"，是试图在"参酌兼采"的方法论之下，又通过中国优秀传统文化的"消化"作用，最终类化为中国新的文化系统。在蔡元培看来，这种文化的交融，与人类的社会分工不同而可以互相借助于他人的力量来生存是一个道理。就是要"取人之长，补己之短"。文化是一个国家的基本表征，一个丧失了本位文化的国家和民族，似乎已经可以定位为立国本根的缺失。这样的民族和国家也无法为世界文化的发展作出它应有的贡献。从前文引述可以看出，蔡元培反复强调，有原则地学习和吸收外来的优秀文化，而绝不是被外来文化所同化。在1916年，蔡元培在德国留学期间，曾为《旅欧杂志》创刊号撰写《文明之消化》一文，对于有关不同文化间的吸收与消化的问题，提出了自己的观点，中心思想就是，选择吸收，必须基于国情而选择能够消化者而吸收之。应该说，蔡元培在文化建设上所持有的"和而不同"的理念，以及依据这种理念所设计的吸收—消融—创造的新文化建构方案，较之当时的"文化本位"论与"全盘西化"论，更加适应当时的社会历史条件，也更符合文化发展的基本规律。一味舍异求同，是无法创造出先进的新文化来的。

---

[1] 中国蔡元培研究会编：《旅法中国美术展览会目录序》，《蔡元培全集》第五卷，浙江教育出版社1997年版，第279页。

蔡元培的"和而不同"文化理念，还体现在他的"思想自由，兼容并包"的办学方针上。蔡元培在1917年至1923年间主政北京大学。他认为，大学应当是"囊括大典，网罗众家"之学府，"万物并育而不相害，道并行而不相悖"的"中和"精神，恰恰应当是大学所应体现的精神。在北大的教师的延聘问题上，蔡元培注意网罗各种人才，他聘请了当时提倡文学革命、思想革命的激进派人士如陈独秀、胡适、李大钊、鲁迅、钱玄同、周作人、刘半农等，这干人是当时革新营垒的主要代表人物，以《新青年》为根据地，发表有关科学与民主、文学革命等文章。《新青年》是新文化运动的主要阵地。此外，他还聘请了当时守旧势力的主要代表人物如辜鸿铭、刘师培等人。蔡元培选拔人才的不拘一格，还体现在对一些新秀人物的聘请上，如梁漱溟。蔡元培所延聘的教师，展现了不同的风格，代表着不同的流派，持有不同的学术见解。蔡元培做到了人尽其才。典型的如请辜鸿铭教授英国文学、刘师培教授文科国文课。一时北大人才济济，蔡元培允许并鼓励不同的学派和观点间的争鸣，并为这种争鸣创造条件。同时，北大学生在选择学习的课程和内容上，也有了更大的选择空间，可以全方位地接受不同的知识。另外，在课程的设置、各种不同的社团的创立、各种刊物的创刊等方面，都体现了广采博收的原则。

蔡元培1912年出任中华民国教育总长。上任伊始，他即发表了《对于教育方针之意见》一文，文中指出，教育的目的应以培养"健全的人格"为目的。什么是"健全的人格"呢？蔡元培认为,"健全的人格",就是人的全面发展,有时也称"自由人格",就是"和谐人格"。"自由人格"的提出,显然是有针对性的。自鸦片战争前后,就有一批思想家,如魏源、龚自珍等,已经深切感受到了中国传统道德教育所存在的严重的弊端,以及这种弊端的畸形发展而造成的人格的扭曲。如大家所熟知的龚自珍的《病梅馆记》,以"弯曲以为美"之"病梅",来隐喻中国社会的人格的病态。蔡元培的自由人格追求,也是基于这一点,就是要还人以"尊严"。但这种"自由人格",不是放纵。蔡元培指出:"若过于其度,而有愧于己,有害于人,则不复为自由,而谓之放纵。放纵者,自由之敌也。"[1] 由此,蔡元培提出了"五育并举"的人格培养理论,即军国民教育、实利教育、公民道德教育、世界观教育、美育。后来,蔡元培又将"五育"归纳为德育、智育、体育、美育四个方面。蔡元培在中国教育史上第一次提出"健全人格"(自由人格),并把美育作为培养健全人格的一个重要方面。蔡元培美育思想的提出,使我们不难看出,蔡元培在某种程度上,与中国传统理想人格追求中注重人的精神、心灵的和谐,是一致的,只是"注重"而不是"偏重"。在蔡元培看来,教育以道德为根本,是"教育家百世不迁之主义"。那么,尽个体的道德的社会义务,绝不是抹杀个体,而是提升"实体世界之观念",美育则是实现这种提升的不可或缺的重要手段。蔡元培认为,人人有感情,

---

[1] 蔡元培:《蔡元培全集》第二卷,中华书局1984年版,第34页。

而并非都有伟大而高尚的行为，这由于感情推动力的薄弱。要转弱为强，转薄为厚，有待于陶养。而这种陶养的作用叫美育。美育能够培养人的健康情感，从而使人有效地驾驭所学知识，并有效地抑制人的贪欲之心。

读书不忘救国，教育以图报国，这是近代社会以来有识之士共同关注的问题。当然，蔡元培应是这其中的重要代表人物之一。前文已经谈过，蔡元培以人的全面发展作为社会进步的基本立足点。诚如蔡元培所明确强调的那样："欲副爱国之名称，其精神不在提倡革命而在养成完全之人格。盖国民而无完全人格，欲国家之隆盛，非但不可得，且有衰亡之虑焉。造成完全人格，使国家隆盛而不衰亡，真所谓爱国矣。"[1]他总是勉励学生，在学校多下一点功夫，将来会为国家多办一点事情。蔡元培的思想，既受到当时孙中山领导的资产阶级民主革命的影响，同时也为资产阶级民主革命思潮的蓬勃发展，起到了摇旗呐喊、推波助澜的作用。孙中山在长期的斗争实践中，逐步将其革命纲领完善为"民主、民权、民生"的"三民主义"。总的来说，孙中山的"三民主义"纲领，是融合了中国传统思想以及西方的自由、平等、博爱的思想而形成的。蔡元培认为，"三民主义"是完全符合中华文化传统之"中和"精神的，传达这一观点的主要有《三民主义的中和性》《中华民族与中庸之道》两篇文章。

---

[1] 高平叔编：《在爱国女校之演说》，《蔡元培教育论著选》，人民教育出版社1991年版，第75页。

在《三民主义的中和性》一文中，蔡元培开宗明义指出："中华民族，富有中和性。"[1]对于"中和"的意义，蔡元培做了如下界定："中和的意义，是'执其两端，用其中'，就是不走任何一极端而选取两端的长处，使互相调和。"[2]而从蔡元培对于"中庸"的论述与推崇来看，他似乎是把"中庸"与"中和"对等看待的。

蔡元培在前引两篇文章中都指出，在政论上的极端，都是以失败而告终的，如中国的商鞅、吴起、李斯的极端法治主张，晋宋名士的崇尚老庄，只有尚中和的儒家学说能够延续两千年。西方哲学家如托尔斯泰的极端不抵抗主义、尼采的极端强权主义、卢梭的极端放任论，还有霍布斯的极端干涉论，"一经试验，辄失败"。而最符合"中庸""中和"之道的，便是儒家学说与孙中山的三民主义。

蔡元培自幼饱读经书，熟稔儒家经典，有着深厚的国学底蕴。同时，在四度远赴欧洲游学的过程中，广泛接受了西方文化的熏陶。正因为如此，他才能对儒家的"中和"以及"中庸"作出创造性的诠释。在蔡元培看来，只有孙中山的三民主义思想，才真正在更高的层次上体现了"中和"精神。蔡元培认为，孙中山的三民主义，是解决当时社会问题的唯一可行之路，又说："孙先生固然对于欧美的政治道理，研究得很广很深，然而他所以能想通的缘故，还是因为受了本国中和的民族性与中和历史事实之大

---

[1] 高平叔编：《蔡元培政治论著》，河北人民出版社1985年版，第330页。
[2] 高平叔编：《蔡元培政治论著》，河北人民出版社1985年版，第330页。

影响。"[1]

  《中庸》上讲："致中和，天地位焉，万物育焉。"蔡元培以"中和性"释读孙中山的三民主义，说明蔡元培对于孙中山的文化战略思想有着更深层次的理解。而这也同时说明，从孔子到孙中山，"中和"作为一种价值观和方法论，始终在显示着强大的生命力。

---

[1] 高平叔编：《三民主义的中和性》，《蔡元培政治论著》，河北人民出版社1985年版，第330—331页。

结　语

　　中国历来是一个崇尚和平的国度。孔子所说的"己所不欲，勿施于人"（《论语·卫灵公》），既是中华民族处理人际关系的一项重要准则，也是我们所遵循的处理国际关系的准则。我们向来不主动去侵犯别的国家，当然也不允许别人来侵犯我们。"人不犯我，我不犯人；人若犯我，我必犯人。"

　　爱好和平已经成为中华民族所共有的一种文化心理积淀，而且在中国的历史实践中，也得到了很好的运用与发挥。罗素曾经称中国是一个骄傲到不肯打仗的民族，颇有道理。虽然用"骄傲"一词来形容似有不妥，但是中华民族一贯号称礼仪之邦，且从不主动去攻击别人。在处理民族关系问题时，中国历史上有许多朝代都奉行"和亲"邦交政策，的确非常具有中国特色。中国人一向崇尚"王道荡荡"，所以中华民族的和平文化又称为王道文化。

　　2008年8月8日，第二十九届奥运会在中国北京举行。全球45亿观众见证了迄今为止奥运史上规模最大的一次聚会：204个国家和地区奥委会派出了代表团，1万多名运动员在五环旗下欢聚一堂，80多位外国政要出席开幕式。北京奥运会自2008年

8月8日起，历时16天，共进行了28个大项，302个小项的比赛。我们看到，出席这次奥运盛会的200多个国家和地区的人们，不分种族、不分宗教，也不论贫富、不论肤色，在运动场上搏击的同时，人们也在以各种不同的方式传达着友谊的信息。来自全球各地的文化，也在赛场内外展现自己的魅力，分享对方的瑰奇。这既是一场体育的盛会，又是一场文化的盛会。16天后，当奥运火炬缓缓熄灭的时候，人们依依惜别，好一派祥和的景象！

北京第二十九届奥运会的主题口号是："同一个世界，同一个梦想。"国际奥委会主席罗格对北京奥运会主题口号的评价全文如下："奥运会用体育来促进和平、增进了解，具有独特的吸引力。北京奥组委提出的2008年奥运会主题口号抓住了这一奥林匹克精神的实质，国际奥委会对此感到欣喜。"友好平和的中国人，提出这样一个口号，集中体现了奥林匹克精神的实质和普遍价值观——团结、友谊、进步、和谐、参与和梦想，表达了全世界在奥林匹克精神的感召下，追求人类美好未来的共同愿望，体现了作为"绿色奥运、科技奥运、人文奥运"三大理念的核心和灵魂的人文奥运所蕴含的和谐的价值观。

建设和谐社会、实现和谐发展是我们的梦想和追求。"天人合一""和为贵"是中国人民自古以来对人与自然、人与人和谐关系的理想与追求。我们相信，和平进步、和谐发展、和睦相处、合作共赢、和美生活是全世界的共同理想，表达了一个拥有五千年文明，正在大步走向现代化的伟大民族致力于和平发展、社会和谐、人民幸福的坚定信念；表达了13亿中国人民为建立一个和平而美好的世界做出贡献的心声。同时，在2008北京奥运会期间，境外来京人数达到50万—55万人次，其中奥林匹克大家庭成员5万人次左右，奥运会观众约26万—32万人次，以旅游为目的的入境游客约15万—20万人次。来自各国的人们通过参观奥运会这一特殊形式，亲临我们国家，感受到了中国人民的殷殷深情。

国际奥委会主席罗格说，"奥运会来到拥有世界五分之一人口的中国，意义非凡"。拥有古老文明的中国，张开胸怀，热烈欢迎来自四面八方的文明。

文明祥和的中华大地，展示给世人的绝不是一副拥有"中国威胁论"的面孔。在奥运会还没开幕前很久的一段时间里，全国到处都在传唱《北京欢迎你》的歌曲："北京欢迎你，有梦想谁都了不起，有勇气就会有奇迹。"所以，中国人民以自己的实际行动，打破了近几年甚嚣尘上的"中国威胁论"。北京奥运会正确诠释了"天下为一家"(《礼记·礼运》)所阐发的儒家的社会理想。"大道之行也，天下为公"(《礼记·礼运》)的"大同"理想，是中华和平文化的主要内涵，中国人向往天下太平，人与人之间相亲相爱，没有压迫，没有战争，这才是中华民族追求天下和平的独创性思维，哪里有"威胁"他人的意向？时任美国总统布什是第一个在任期内出席他国举办的奥运会的美国总统，他认为，北京奥运会是"一个告诉中国人民我们尊重你们的传统、尊重你们的历史的机会"。时任日本首相福田康夫是20年来第一位到国外观看奥运会的日本首相,他祝福北京奥运会"成为载入史册的和平盛会"。时任澳大利亚总理陆克文将北京奥运会称作"中国融入世界的一个重大事件"。时任越南国家主席阮明哲认为北京奥运会是"奥运会历史上一个新的里程碑"。

所以,尽管奥运会已经结束,但是,奥运主题曲所传达的意愿"我和你,心连心,同住地球村,为梦想,千里行,相会在北京。来吧!朋友,伸出你的手,我和你,心连心,永远一家人"将永存史册!

但是,在全球化的时代背景下,世界范围内的"中国威胁论"开始甚嚣尘上,其主要人物就是美国人塞缪尔·亨廷顿。冷战后的世界,冲突的基本根源不再是意识形态,而是文化方面的差异,主宰全球的将是"文明的冲突"。这种观点主要体现在亨廷顿的《文明的冲突与世界秩序的重建》一书中。我们必须清醒地认识到,亨廷顿完全是站在美国的立场上,是为维护西方的文化霸权而立论的。亨廷顿特别强调的是,唯恐儒家文明与伊斯兰文明可能实现联合,以形成与西方文明的对立以及构成对西方文明的最大的挑战和威胁。更有甚者,亨廷顿在该书中还预言,中国的崛起将导致全球文明冲突的发生,儒家文明是西方文明的最大的对立面,是对这个世界的潜在的威胁。这种观点,自然在我国文化界引起强烈反响,受到了许多学者的批判。方克立一针见血地指出:"他显然不甘心于西方文明绝对强势地位的失落,在为西方建立新的世界秩序出谋划策时,不是把基点放在不同文明之间的平等对话与交流合作上,而是放在所谓'文明冲突'的预设上,企图通过打击、遏制异类文明来达到维持西方文化霸权的目的。"[1]

我们反思我们的文化,我们思索中华文明在全球化时代将扮演怎样的角色、起到怎样的作用。总体来说,"和而不同"是我们的哲学依据,"寻找现代文明的普遍标志和中华文化的契合点",高扬"文化自觉",实现传统文化的"综合创新",应是我们对待中华文化的理性而现实的态度。正如刘蔚华所指出的那样,中华文化中的许多优秀成分与现代文明的普遍标志,有着契合之处,如"仁爱"与现代文明的人道意识、"以天下为己任"与现代地球家园意识、"和为贵"与现代的和平与发展意识、"义利之辨"与现代的道义与功利主义统一的意识、"天人合一"与生态保护与环境意识、"自强不息"与开拓进取意识、"民为贵"与重视社会参与和公共关系的意识等等。这样一来,即可为中国传统文化与现代文明的关系,寻找到必要的坐标系。[2]

费孝通提出了文化建设过程中"文化自觉"的问题。他在《中华文化在新世纪面临的挑战》一文中指出:"人贵有自知之明,一个文化也不能没有实事求是的自觉意识。获得'文化自觉'能力的途径离不开对中华文化全部历史及其世界背景的认识。"[3]究竟

---

[1] 方克立:《"和而不同":作为一种文化观的意义和价值》,《中国社会科学院研究生院学报》2003年第1期,第31页。

[2] 刘蔚华:《中华文化与现代文明》,《中华文化与21世纪》,中国社会科学出版社2003年版,第125页。

[3] 费孝通:《中华文化在新世纪面临的挑战》,《中华文化与21世纪》,中国社会科学出版社2000年版,第1期。

什么是"文化自觉"呢？费孝通指出："文化自觉，意思是生活在既定文化中的人对其文化有'自知之明'，明白它的来历、形成的过程、所具有的特色和它发展的趋向。自知之明是为了加强对文化转型的自主能力，取得决定适应新环境、新时代文化选择的自主地位。"[1]

如何实现文化自觉呢？费孝通说："在这样一个历史时期，充分注意、深入阐发中华文化的包容性特点将是富有建设性的题目，也可以作为我们实现文化自觉的一个入口。"中华文化的包容性和中国古代先哲提倡"和而不同"的文化观有密切的关系。"和而不同"就是"多元互补"。"多元互补"是中华文化融合力的表现，也是中华文化得以连绵不断发展的原因之一。"文化形态是多种多样的，丰富多彩的，不同的文化之间是可以相互沟通、相互交融的。推而广之，世界各国的不同文化也应该相互尊重、相互沟通，这对各个不同文化的进一步发展也是有利的。"[2]

费孝通强调，在当今的文化建设中，实践"文化自觉"这一时代课题时，应该发扬孔子的"有教无类"的思想主张，"一视同仁地看待包括中华文化在内的世界上的各种文化。我们相信，人类传下来的每一种文化都具有对人类发展起积极作用的一面，同

---

[1] 费孝通：《中华文化在新世纪面临的挑战》，《中华文化与21世纪》，中国社会科学出版社2000年版，第2页。

[2] 费孝通：《中华文化在新世纪面临的挑战》，《中华文化与21世纪》，中国社会科学出版社2000年版，第5—6页。

时也都会有它消极的一面。……'文化自觉'是一个艰巨的过程。首先要认识自己的文化，根据其对新环境的适应力决定取舍。其次是理解所接触的文化，取其精华，吸收融会。各种文化都实现了自觉之后，这个文化多元的世界才有条件在相互接触中、自主地相互融合中，出现一个具有共同认可前提的基本秩序，形成一套各种文化和平共处、各显所长、联手发展的共同守则"。方克立曾将"美美"四句换了一种表述方法："各美其美，美人之美，美美与共，和而不同。"[1]他认为这样表述完全符合费老之初衷，并且将费孝通的"文化自觉"理解为："所谓文化自觉，就是一方面要有忧患意识，一方面还要有文化自信。"

"中国威胁论"显然不是出于学术讨论的目的，而"中国的崛起将是人类最危险的时刻"之类的言论，更是无稽之谈。中国人从骨子里所透出的和平理念，一直表现在中国人的言行中。中国人始终都以为中华文化只能作为世界多元文化的一元，并为世界的和平发展做出应有的贡献。2008年北京奥运会的宣传口号"同一个世界，同一个梦想"已经向全世界传达了这样一个理念：人类应该相亲相爱，我们是一家人。

当下，中国经济的不断发展与国家实力的日益壮大，引起了世界上别有用心之人的不安，某些周边国家不断在海上滋事，甚至上演"购岛"闹剧，个别超级大国又趁机挑拨离间，使东亚形

---

1 方克立：《"和而不同"：作为一种文化价值观的意义和价值》，《中国社会科学院研究生院学报》2003年第1期。

势更加复杂。中国自古就有爱好和平的习惯,也不愿去主动挑起战争。但是,中华民族从来不惧怕战争。中华文明几千年亘古未断,这与中华民族勇于抵御外侮是密切相关的。中国政府已经庄严承诺:中国反对霸权,也永远不称霸;中国人民爱好和平,但决不放弃使用武力;中国扩大改革开放,但决不放弃社会主义制度。

胡锦涛在党的十八大报告中明确指出:"人类只有一个地球,各国共处一个世界。历史昭示我们,弱肉强食不是人类的共存之道,穷兵黩武无法带来美好世界。要和平不要战争,要发展不要贫穷,要合作不要对抗,推动建设持久和平、共同繁荣的和谐发展,是各国人民的共同愿望。""中国人民热爱和平、渴望发展,愿同各国人民一道为人类和平与发展的崇高事业而不懈努力。"

2015年9月3日,中国隆重举行了中国人民抗日战争暨世界反法西斯战争胜利70周年纪念大会及招待会。有关统计表明,习近平在讲话中33次讲到和平,"和平"也被指为习近平上任以来的高频词。习近平在讲话中强调:"战争是一面镜子,能够让人们更好认识和平的珍贵。今天,和平发展已成为时代主题,但世界仍很不太平,战争的达摩克利斯之剑依然悬在人类的头上。我们要以史为鉴,坚定维护和平的决心。"中国人民已经注意到,习近平正在身体力行,把中国人民爱好和平的理念,传播到全世界,号召全人类坚定和平追求,共同防止战争悲剧的上演。这既是对人类的共同向往的期待,也充分诠释了《中庸》的"万物并育而不相害,道并行而不相悖"的和平意义。

  我们也明白,在这个多元的世界里,总有一些不和谐音的存在,"天下大同"谈何容易!所以,习近平为维护国家安全和社会稳定,多次提到反恐。习近平指出,改革开放以来,我们党始终高度重视正确处理改革、发展、稳定的关系,始终把维护国家安全和社会安定作为党和国家的一项基础性工作。我们保持了我国社会大局稳定,为改革开放和社会主义现代化建设营造了良好环境。"安而不忘危,存而不忘亡,治而不忘乱。"同时,必须清醒地看到,新形势下我国国家安全和社会安定面临的威胁和挑战增多,特别是各种威胁和挑战联动效应明显。我们必须保持清醒头脑、强化底线思维,有效防范、管理、处理国家安全风险,有力应对、处置、化解社会安定挑战。对外,主席、总理频繁出访外交,这是我们党的领导集体在新的历史时期对"和为贵"的现代化诠释。我们坚信"人能弘道,非道弘人",和谐文化的弘扬,靠的是全世界人的努力。"和谐为存在之基"终将成为全世界人的共识。

  扼杀异己,提倡一元,已经将血淋淋的悲剧呈现在全世界人民面前。和而不同,共同进步,是全人类共同的心声。

  毕竟,万紫千红才是春。

参考文献

一、历史文献

[1] 杨伯峻. 论语译注 [M]. 北京：中华书局，1980.

[2] 杨伯峻. 孟子译注 [M]. 北京：中华书局，1960.

[3] 高亨. 周易大传今注 [M]. 济南：齐鲁书社，1979.

[4] [清] 孙诒让. 墨子闲诂 [M]. 北京：中华书局，1986.

[5] 杨柳桥. 荀子诂译 [M]. 济南：齐鲁书社，1985.

[6] 任继愈. 老子新译 [M]. 上海：上海古籍出版社，1985.

[7] 曹础基. 庄子浅注 [M]. 北京：中华书局，1985.

[8] 赵守正. 管子注译 [M]. 南宁：广西人民出版社，1987.

[9] 张双棣、张万彬、殷国光、陈涛. 吕氏春秋译注 [M]. 长春：吉林文史出版社，1986.

[10] 王利器. 新语校注 [M]. 北京：中华书局，1986.

[11] 吴云、李春台. 贾谊集校注 [M]. 郑州：中州古籍出版社，1984.

[12] [清] 王聘珍. 大戴礼记解诂 [M]. 北京：中华书局，1983.

[13] 曾振宇，傅永聚注．春秋繁露义证[M]．北京：商务印书馆，2010．

[14] 韩敬．法言注[M]．北京：中华书局，1992．

[15] 陈伯君．阮籍集校注[M]．北京：中华书局，1987．

[16] 戴明扬．嵇康集校注[M]．北京：人民文学出版社，1962．

[17][唐]柳宗元．柳宗元集[M]．北京：中华书局，1979．

[18] 全唐文[Z]．卷六三七．李翱．复性书上．北京：中华书局，1983．

[19][宋]司马光．传家集卷六十二[M]．(《四库全书荟要》第28册)．台北：世界书局，1988．

[20][宋]周敦颐著，梁绍辉、徐荪铭，点校．周敦颐集·太极图说[M]．长沙：岳麓书院，2007．

[21][宋]程颢、程颐著，王孝鱼，点校．二程集[M]．北京：中华书局，1981．

[22][宋]朱熹．四书章句集注[M]．北京：中华书局，1983．

[23][宋]朱熹．朱文公文集．(《四部备要》本)[M]．北京：中华书局，1989．

[24][宋]黎靖德．朱子语类[M]．北京：中华书局，1981．

[25] 吴光、钱明、董平、姚延福编校．王阳明全集[M]．上海：上海古籍出版社，1992．

[26][清]王夫之．读四书大全说[M]．北京：中华书局，1975．

[27][清]王夫之.张子正蒙注[M].北京：中华书局，1975.

二、今人著作

[1] 方克立主编.中国传统哲学的现代诠释[M].北京：商务印书馆，2003.

[2] 中国孔子基金会.儒学与21世纪[M].北京：华夏出版社，1995.

[3] 张立文.和合学——21世纪文化战略的构想[M].北京：中国人民大学出版社，1996.

[4] 李振纲，方国根.和合之境——中国哲学与21世纪[M].上海：华东师范大学出版社，2001.

[5] 董根洪.儒家中和哲学通论[M].济南：齐鲁书社，2001.

[6] 冯友兰.中国哲学史新编[M].北京：人民出版社，1985.

[7] 杨国荣.心学之思[M].上海：三联书店，1997.

[8] 张岱年，程宜山.中国文化与文化论争[M].北京：中国人民大学出版社，1990.

[9] 刘蔚华，等.中国儒家学术思想史[M].济南：山东教育出版社，1996.

[10][美]塞缪尔·亨廷顿.文明的冲突与世界秩序的重建[M].北京：新华出版社，1998.